A diferenciação
didática para a
inclusão

Dados Internacionais de Catalogação na Publicação (CIP)
(Câmara Brasileira do Livro, SP, Brasil)

d'Alonzo, Luigi
  A diferenciação didática para a inclusão : guia didático com métodos, estratégias e atividades / Luigi d'Alonzo ; tradução de Dandara Morena ; revisão técnica de Rafaella Nóbrega Esch de Andrade. – Petrópolis, RJ : Vozes, 2025.

  Título original: La differenziazione didattica per l'inclusione
  ISBN 978-85-326-7052-6

  1. Educação inclusiva 2. Inclusão escolar 3. Pedagogia
  I. Andrade, Rafaella Nóbrega Esch de. II. Título.

24-238572   CDD-370.115

Índices para catálogo sistemático:
1. Educação inclusiva   370.115

Aline Graziele Benitez – Bibliotecária – CRB-1/3129

GUIA DIDÁTICO

LUIGI D'ALONZO

A diferenciação didática para a inclusão

Métodos, estratégias e atividades

Tradução de Dandara Morena

EDITORA VOZES

Petrópolis

© 2016, by Edizioni Centro Studi Erickson S.p.A., Trento (Itália)
www.erickson.it
www.erickson.international

Tradução do original em italiano intitulado
La differenziazione didattica per l'inclusione – Metodi, strategie, attività

Direitos de publicação em língua portuguesa – Brasil:
2025, Editora Vozes Ltda.
Rua Frei Luís, 100
25689-900 Petrópolis, RJ
www.vozes.com.br
Brasil

Todos os direitos reservados. Nenhuma parte desta obra poderá ser reproduzida ou transmitida por qualquer forma e/ou quaisquer meios (eletrônico ou mecânico, incluindo fotocópia e gravação) ou arquivada em qualquer sistema ou banco de dados sem permissão escrita da editora.

CONSELHO EDITORIAL

Diretor
Volney J. Berkenbrock

Editores
Aline dos Santos Carneiro
Edrian Josué Pasini
Marilac Loraine Oleniki
Welder Lancieri Marchini

Conselheiros
Elói Dionísio Piva
Francisco Morás
Teobaldo Heidemann
Thiago Alexandre Hayakawa

Secretário executivo
Leonardo A.R.T. dos Santos

PRODUÇÃO EDITORIAL

Anna Catharina Miranda
Eric Parrot
Jailson Scota
Marcelo Telles
Mirela de Oliveira
Natália França
Priscilla A.F. Alves
Rafael de Oliveira
Samuel Rezende
Verônica M. Guedes

Revisão técnica e editoração: Rafaella Nóbrega Esch de Andrade
Diagramação: Editora Vozes
Revisão gráfica: Nilton Braz da Rocha
Capa: Nathália Figueiredo

ISBN 978-85-326-7052-6 (Brasil)
ISBN 978-88-590-1264-1 (Itália)

Este livro foi composto e impresso pela Editora Vozes Ltda.

Sumário

Introdução 7

1 | As dificuldades no fazer escola 11
   A complexidade 11
   O papel da escola 14
   Os alunos mudaram 15
   Os alunos são diversos 20

2 | O trabalho em sala de aula pela percepção dos professores 26
   Escola e complexidade educativa: dimensões emergentes . . . 27
   As dificuldades em sala de aula: do que e de quem
   estamos falando? 29
   A pesquisa 30
   O perfil dos docentes participantes 32
   A composição das turmas 32
   Os alunos estão cada vez mais difíceis 36
   Promover o bem-estar em sala 43
   O papel da didática 46

3 | A diferenciação didática: As bases 51
   A necessidade da diferenciação 51
   Projetar as competências e a diferenciação 52
   O que é a diferenciação 53
   Como trabalhar bem? 54
   A diferenciação como resposta 60
   Os métodos de ensino comuns não funcionam mais 63
   A intenção inicial da diferenciação 65

4 | Os pontos de referência científicos **72**

A teoria da zona de desenvolvimento proximal 72

A teoria das inteligências múltiplas 73

A teoria triárquica da inteligência 76

A teoria dos quatro estilos de aprendizagem 76

As pesquisas sobre diferenciação 78

5 | A diferenciação em sala de aula: Estratégias e atividades exemplificadas **89**

As linhas da diferenciação didática 90

Conhecer os alunos 93

Compilar o perfil da turma 97

O clima positivo 97

Elaborar diferenciando e avaliando 112

Estratégias úteis para a diferenciação didática 120

Atividades exemplares 132

Diferenciar por camadas 142

Conclusão 147

Referências 153

Introdução

Neste livro, falaremos da diferenciação didática e abordaremos um problema que, na minha opinião, a educação precisará resolver em breve: como conseguir oferecer percursos educativos e didáticos interessantes, potencialmente válidos e eficazes para todos os nossos alunos.

O problema não é banal, pelo contrário, aparentemente representa de fato o "verdadeiro" problema educacional. É evidente o quanto a escola não tem mais fôlego para atender de forma adequada a todas as exigências dos estudantes; as pesquisas nos dizem que os professores estão cada vez mais com dificuldades em oferecer percursos formativos idôneos, e os resultados escolares e as comparações internacionais que averiguam a preparação dos nossos alunos mostram como a situação está bastante preocupante. Contudo, o que mais atormenta aqueles que têm um olhar vigilante sobre toda a educação é o reconhecimento contínuo de que o comportamento dos alunos piora cada vez mais e a disposição deles para suportar a vida na sala de aula, a qual parece não ter sentido para muitos, diminui gradativamente. Os ritos didáticos tradicionais, as relações habituais dos professores em sala, a didática comum baseada em transmissão oral, as interrogações, as periódicas provas escritas, o estudo e aprendizado em casa não são mais válidos, e os professores atentos e capacitados há muito perceberam que os estudantes não estão mais com disposição para aguentar pacientemente experiências escolares que parecem inúteis e afastadas de suas necessidades.

8

Além disso, a gestão da sala de aula há muitos anos é o tema do problema educacional, em todos os níveis escolares, e as iniciativas formativas feitas para aprofundar o tema por toda a Itália testemunham isso. A complexidade das exigências pessoais dos estudantes está explodindo, e os professores parecem pouco capacitados para enfrentar uma situação similar. Com frequência, eles não sabem o que fazer, os pedidos de orientação pedagógica especial e as dificuldades de uma gestão escolar permanentemente em crise diante dessas problemáticas sancionam o dever de encontrar vias idôneas e imediatas que permitam a todos os estudantes aprenderem, por meio de um grande esforço cujo valor reconhecem; que permitam a todos os professores exercerem a profissão de forma plena e satisfatória, que todos os protagonistas da escola vivenciem o crescimento profissional, cultural e social num ambiente preocupado com o bem-estar e num contexto realmente formativo.

Este livro pretende oferecer uma resposta, uma solução "aqui e agora" que possa ser adotada pelos docentes e posta em prática na sala de aula. Como veremos, ela se baseia na compreensão de que é necessário ser capaz de gerir a sala de aula, ter a habilidade para apresentar-se aos alunos com a própria personalidade e intencionalidade educativa, com desejo de encontrar os estudantes, todos, cada um dos alunos presentes no grupo. De fato, se conseguíssemos entrar na sala sem medo, se estivéssemos dispostos a nos envolvermos com paixão, se fôssemos capazes de intervir para prevenir os comportamentos indesejáveis, se fôssemos hábeis na compreensão das exigências dos indivíduos, se fôssemos equipados para uma intervenção educativa e didática com valores baseados no conhecimento dos alunos, poderíamos começar a trabalhar com a *diferenciação didática*, ou seja, com uma elaboração metodológica que propõe planos de trabalho idôneos para cada aluno, fundada na convicção de que todos na sala apresentam suas próprias necessidades, seus próprios problemas e têm potencialidade pessoais. Na verdade, rejeita-se a ideia de que seja necessário pensar em um projeto formativo baseado num genérico nível de potencial médio, recusa-se a visão de uma realidade de sala de aula em condições de absorver um programa idealizado inspirado apenas nas ultrapassadas didáticas habituais e tradicionais, no momento inadequadas para oferecer propostas de aprendizagem válidas.

Os alunos em sala de aula não têm uma mente única, não constituem um grupo amorfo composto por sujeitos que se adaptam sem reação a propostas didáticas, com frequência, ineficazes. Na sala de aula e na escola existem pessoas, adolescentes, crianças, todos diferentes, com personalidades, potenciais e problemas diferentes. Somos "obrigados" a considerá-los por suas qualidades divergentes, em que "obrigação" significa um compromisso ineludível e imprescindível. É vivenciando a escola, observando o cotidiano e respirando a poeira das salas que nos damos conta de como este fato, a diferença entre as pessoas, deve representar um indício da realidade e ser capaz de modificar a didática e torná-la significativa para todos.

A diferenciação, mais que um método, se torna então uma escolha pedagógica necessária porque está vinculada à realidade, compelida pelo cotidiano a emergir, e é requisitada pela necessidade de atenção que cada indivíduo presente em sala de aula demanda.

Geralmente, duas reações se manifestam diante da proposta da diferenciação didática. A primeira é de perplexidade, que acontece sobretudo por causa da herança de um passado que não se deseja mais invocar: os das turmas especiais que, por muitos anos, representaram uma experiência pedagógica conclusa e arquivada. A perplexidade nasce por causa do termo "diferenciação", pois as pessoas tendem a deduzir que os alunos serão separados conforme as diferenças e então se lembram imediatamente da Lei n. 1859 de 31 de dezembro de 1962, na qual o artigo 12 estabelece que "turmas especiais podem ser instituídas para alunos com inadaptações escolares. Eles podem ter um calendário especial com programas apropriados e horários de ensino".

Depois de mais de cinquenta anos, é impressionante constatar como os ecos negativos do passado ainda conseguem reverberar no presente. É necessário, contudo, eliminar qualquer dúvida: a diferenciação didática não tem nada a ver com essa experiência marginalizada da escola italiana, pelo contrário, com esse termo se promove uma elaboração pedagógica e didática que *favorece a inclusão* e deseja atender às necessidades de cada aluno em sala de aula, com os outros, em comunhão com o resto do grupo, no espaço à disposição de todos.

A segunda reação é de adversidade, baseada principalmente na opinião de que a diferenciação é uma proposta pedagógica boa, mas impraticável nas escolas porque falta uma formação adequada aos professores. Essa tomada de posição, logo, não se refere aos princípios que ela veicula, e sim à sua possibilidade concreta de atuação inovativa em relação à preparação dos docentes da escola.

Diante dessas reações, surgem perguntas: O que impele os professores mais capazes, em todo nível e em toda escola, a proporem, provavelmente sem consciência e às vezes sem formação específica, atividades baseadas em tais princípios? Por que, quando o professor decide assumir o modelo da diferenciação didática, os resultados são evidentes?

Na educação não devemos temer a novidade, melhor, devemos renovar continuamente nossas ideias e estratégias. O mundo não espera, os problemas dos nossos alunos pouco a pouco estão mais urgentes e merecem uma resposta corajosa e valorosa.

1
As dificuldades no fazer escola

A escola está passando por um período de grande dificuldade; lecionar está se tornando cada vez mais problemático, em todo lugar e nível escolar. Quando falamos da Itália, por exemplo, desde a Sicília, no extremo sul, ao Trentino-Alto Ádige, no norte, da Sardenha ao Vale de Aosta, encontra-se docentes que expressam sua perplexidade com os comportamentos dos próprios alunos em sala de aula e que comunicam o cansaço para tomar iniciativas didáticas que sejam minimamente capazes de obter o interesse dos estudantes. No Brasil, a realidade não é diferente: desde a Educação Infantil ao Ensino Médio, os professores manifestam grandes preocupações com o enfretamento cotidiano da vida na sala de aula que, às vezes, parece privada de prospectivas, visto que não vislumbram saídas das críticas que vivenciam em sala. Além disso, raramente se encontra professores que realizem o próprio ofício com serenidade, e, frequentemente, as apreensões são tão fortes que afetam o estado físico do corpo docente, o qual, como a literatura científica informa, sofre muitas vezes do fenômeno de *burnout* (Mameli & Molinari, 2016).

A complexidade

Complexidade é a palavra, atualmente, que melhor resume as razões da dificuldade da nossa educação e se refere sobretudo à extrema variedade de necessidades presentes nos estudantes e entre eles. Turmas homogêneas nunca existiram, todavia, hoje em dia, observa-se uma incapacidade crescente, da parte dos alunos de todas as idades, de manifestar as próprias exigências pessoais por meio de comportamentos e atitudes que respeitem a convivência civil. A adaptação pessoal à realidade escolar, feita de regras, normas e rotinas, é vivenciada por muitos deles como um problema real, e eles ficam frequentemente incapazes de formular, em tons socialmente adequados, seus impulsos, suas ansiedades e suas dores. A sala de aula, melhor, a vida na sala de aula, torna-se para alguns um ambiente inadequado para ajudá-los; dentro dela não conseguem superar uma fase da vida que sentem, de vez em quando, ser pesada e desprovida de esperança.

As incertezas da nossa sociedade, além disso, não ajudam os jovens a suportarem as inevitabilidades onerosas da existência, inevitáveis e, provavelmente, indispensáveis, já que a vida não é, e não pode ser, uma "descida suave" sem obstáculos. O ser humano amadurece e se molda com as adversidades que a jornada e o crescimento lhe impõem, impedimentos e obstáculos devem ser superados, aprendendo com tranquilidade e paciência, habilidade que os jovens têm dificuldade para amadurecer e aprender num mundo ocidental frenético, perigoso e precário.

Todas as pesquisas (cf. Instituto Giuseppe Toniolo, 2016) nos dizem que a condição juvenil nos últimos anos se transformou de forma notável. Por outro lado, não poderia ser de outra forma num país onde cerca de um terço dos nascidos depois dos anos de 1980 presenciaram a própria condição pessoal e social piorar. A crise financeira global está produzindo seus efeitos e consequências em um mundo que vive constantemente, há anos, nas garras de um declínio econômico e social nunca visto depois da Segunda Guerra Mundial.

Nosso país, em particular, tenta ressurgir dos problemas, com a criminalidade cada vez mais agressiva: o último relatório da Transparency International de 2016 – associação não governa-

1 | As dificuldades no fazer escola

mental para a prevenção e combate da corrupção no mundo – indica que a Itália ocupa o penúltimo lugar na classificação europeia dos países com o menor grau de corrupção, aparecendo em segundo na lista de poluição de contravenções no setor público: pior do que nós, neste ano, apenas a Bulgária, enquanto no ano anterior foi a Romênia. Os estudos evidenciam, além disso, as distâncias cada vez mais longas entre as regiões do Norte e do Sul, diferenças que infelizmente nos últimos anos parecem ter se acentuado, com poucas influências positivas e muitas negativas: O Sul parece assimilar do Norte o individualismo, o distanciamento do outro e a baixa propensão a viver em contextos familiares expandidos. No Norte, encontra-se corrupção, nepotismo e falta de cuidado com o bem comum. Além disso, somos um país que não pensa nos jovens, com bastante frequência ancorado numa defesa de pseudodireitos adquiridos que recaem depois negativamente na nova geração, com idosos e pensionistas tutelados por rendas previdenciárias e auxílios importantes (e, às vezes, injustificados), e jovens obrigados a conviver com situações trabalhistas muito precárias e bem menos remuneradas do que a dos avós. O desemprego juvenil na Itália é um drama verdadeiro: mais de 40% dos jovens não têm um emprego, e são inúmeros os que, desmoralizados, não procuram nem mesmo alguma forma de ocupação remunerada. A desconfiança e a resignação nos olhos do ser humano sempre são um indício negativo de um "mal de viver" que pode se alastrar pela pessoa, afetando suas aspirações e sua jornada; contudo, quando o desencorajamento chega ao coração dos jovens, é a sociedade inteira que corre o risco de adentrar num rumo bastante perigoso e desconhecido. A esperança não pode e não deve ser sepultada no espírito dos jovens, é muito importante que a Itália tome consciência desse problema e se empenhe de toda forma possível para buscar se alimentar com políticas sociais e culturais de alto nível a fim de promover otimismo e prospectivas de vida melhores.

O papel da escola

O papel da escola, nesse contexto, é decisivo. Se queremos salvar este país, é necessário investir nela, é urgente pensar com seriedade na sua função, pois ela permanece sendo a única a instituição educacional capaz de promover cultura e cidadania. É necessário reconhecer que a escola é a última "possibilidade" que o povo tem disponível para criar um desenvolvimento social e cultural que permita enfrentar, com fortes propósitos civis, os grandes desafios de um mundo cada vez mais globalizado e vítima de ganâncias, conflitos e crueldades nunca vistos numa escala tão vasta.

A família – célula primária e ambiente educativo eletivo para promover humanidade e maturidade da pessoa – muitas vezes não consegue resolver os grandes desafios educativos de um mundo tão difícil e complicado, frequentemente causados por inovações repentinas e mudanças profundas de valores. Esse esgotamento não é apenas fruto da fragilidade interna que sempre leva a incompreensões, separações e lacerações dolorosas, mas reside também no despreparo pedagógico para lidar com tarefas educativas árduas que são de sua competência. Cada vez menos os pais têm capacidade de compreender o que é bom e o que é ruim para os filhos; os frutos pessoais, culturais e de valor que os jovens casais absorviam no passado do ambiente social em que viviam sua história de amor não existem mais. O pertencimento a um ambiente social comunitário de referência – o qual um dia forneceu aos pais um paralelo de relação importante destinado a produzir linhas educacionais divididas socialmente – agora é uma experiência que só alguns poucos casais têm a sorte de vivenciar. A Igreja, guia indispensável não só de forma espiritual, mas também social e cultural, está sendo cada vez menos vista, nas suas ramificações locais e periféricas, como uma instituição de referência capaz de ajudar as famílias a conduzirem a educação dos filhos. A consequência dessa mudança, dessa ausência de pontos de referência pedagógicos, é uma ação educacional improvisada pelos jovens casais, a fim de aliviar as dificuldades que se apresentam; e tudo isso voltado para um bem-estar

1 | As dificuldades no fazer escola

pessoal particular que quase sempre não coincide com as efetivas necessidades formativas dos filhos. Muitas vezes, somos testemunhas de escolhas educativas claramente erradas, mas no momento presentes totalmente nas estratégias adotadas por muitos pais, com o objetivo exclusivo de evitar o cansaço, esforço e empenho da mediação, da persuasão e do confronto. Crianças de poucos meses enfeitiçadas por filmes de desenho baixados no *tablet* e *smartphone* com imagens de forte impacto sensorial e emotivo, usados para conter suas demandas às vezes prementes e insistentes. Pais que, no restaurante, em vez de pegar os filhos no colo e os cobrir de carinho para acalmar algum impulso natural, oferecem jogos no celular que prendem a atenção das crianças durante a refeição. As TICs, tecnologias de informação e comunicação, estão sendo cada vez mais utilizadas por jovens casais como instrumento pedagógico essencial para tranquilizar e acalmar bebês e crianças que, sem isso, demandariam atenção e cuidados educativos por parte dos adultos pouco a pouco menos dispostos à relação e ao empenho formativo intencional. Desde os primeiros anos de vida, então, as novas gerações são expostas, muitas vezes sem controle pedagógico, à visão de milhares de horas de filmes fascinantes, de desenhos animados sedutores, de jogos eletrônicos sempre mais sofisticados e atraentes, seja nas imagens, seja nos fortes conteúdos que exibem.

Tudo isso tem consequências, e os professores notam como é difícil, na escola, capturar a atenção dos alunos, como é quase impossível esperar continuidade no empenho escolar e como é árduo garantir motivação e retenção na tarefa.

Os alunos mudaram

Quanto a isso, são muito interessantes os resultados de uma pesquisa conduzida pelo Centro de Estudos e Pesquisas sobre Deficiência e Marginalidade (Cedisma) da Universidade Católica de Milão – analisados de modo aprofundado no segundo capítulo –, os quais nos mostram como os alunos mudaram nos últimos anos (Figura 1.1).

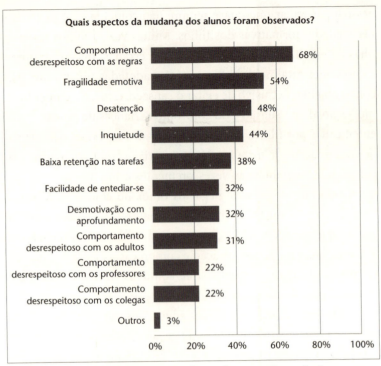

Fig. 1.1 A maioria dos aspectos observados na mudança dos jovens.

O comportamento desrespeitoso com as regras representa o aspecto de maior efeito nas mudanças dos estudantes. De fato, 68% das respostas focam nesse tema que, de forma inequívoca, consiste para os docentes em um problema fundamental: se as normas não são respeitadas na sala de aula e na escola, é impossível exercer uma ação educativa e didática eficaz. A vida comunitária é regida pelo respeito das regras compartilhadas que traçam percursos seguros para todos, e sua violação leva ao esforço e esgotamento, por parte dos professores, para buscar o favorecimento de uma sala idônea. A fragilidade emotiva dos jovens é o segundo aspecto mais encontrado na mudança dos alunos. Essa fragilidade também é consequência de um esforço em se adequar às transformações repentinas que o mercado global impõe. Há uma busca por possuir o máximo possível e uma luta pela conquista de *status* que afetam de forma profunda a vida das pessoas, produzindo a necessidade de bens de consu-

1 | As dificuldades no fazer escola

mo aparentemente indispensáveis. Vivemos em um mundo menor do que o do passado, mais conectado, mais competitivo, que fornece mais possibilidades de acesso ao conhecimento e maiores oportunidades de contactar as pessoas. É um mundo mais veloz, imediato nas comunicações com qualquer um e em qualquer lugar. É, na verdade, um mundo diferente comparado ao do passado recente, de inovação contínua e urgente. Observemos os dados a seguir:

- A primeira mensagem de texto acontece em 1993.
- A Microsoft lança a internet em 1995.
- O Facebook nasce em 2004.
- O Iphone surge no mercado em 2007.
- O Ipad é apresentado em 2010.
- O Ipod parece um produto da era passada... e na verdade não é produzido mais.

Os progressos e as inovações tecnológicas afetam a vida cotidiana: com os *smartphones* pretendemos ficar constantemente conectados à internet, cada vez mais confiável e veloz; quando nos hospedamos em um hotel damos por certo que haja uma conexão *wi-fi* e nos parece natural querê-la quando saímos de casa para o trabalho, para ir a uma convenção ou para as férias.

Nós italianos, em particular, somos muito sensíveis às tecnologias: calcula-se que temos 168 celulares a cada 100 habitantes e que o número de horas que os cidadãos do nosso país passam diante da televisão todo dia chegue à média recorde de 4 horas. Logo, naturalmente, as estatísticas na Itália dizem que as pessoas não conseguem ler em média nem 1 livro por ano. No Brasil, em 2024, um estudo da Fundação Getúlio Vargas apontava a existência de 1,2 *smartphone* por habitante, totalizando 258 milhões de aparelhos desse tipo no país[1]. Como pode tudo isso não incidir negativamente nos nossos filhos, nas novas gerações, imersas num mundo multimídia e tecnológico, todavia pobre de experiências educativas e relações significativas?

---

1. https://portal.fgv.br/noticias/pesquisa-revela-brasil-tem-480-milhoes-dispositivos-digitais-uso-sendo-22-habitante

18 Luigi d'Alonzo | A diferenciação didática para a inclusão

A incapacidade de atenção poderia estar estritamente ligada às exposições repetitivas e incessantes aos instrumentos multimídia disponíveis nas casas, o que tornam claramente ineficazes as propostas das escolas baseadas em modalidades comunicativas tradicionais, muito distantes dos níveis comuns de magnetismo que as nossas crianças e nossos jovens vivenciam normalmente. A inquietude na sala de aula emerge como característica transversal em todo nível escolar, de forma lógica ligada ao escasso hábito de suportar e aguentar até mesmo as menores imposições do mundo externo. Tudo precisa ser atraente e cativante e, quando acaba a exposição atenta, é necessário seguir adiante, para qualquer coisa que capture mais e com mais força e fascínio. Nossos jovens estão habituados a "devorar" tudo velozmente, sem o costume de refletir sobre os acontecimentos da vida, inseridos em contextos educativos e afetivos nos quais se recebe pouco espaço para pensar nas consequências de agir por impulso, para o raciocínio ponderado das próprias ações, para a busca de sentido e significado das escolhas e acontecimentos. São pessoas na iminência do desenvolvimento, logo, com pouca capacidade de "reter" um empenho constante nas coisas menos fascinantes e talvez não tão próximas de seus interesses, para eles privados de sentido por estarem anos-luz de uma experiência de vida familiar fundada sobre outros valores: prazer, novidade, individualismo, sucesso. Temos na sala de aula cada vez mais sujeitos sem força para suportar pesos e deveres, incapazes de reagir com a atitude correta às frustrações que a vida comunitária escolar oferece, com pouca intenção em tolerar os insucessos e enfrentar as consequências negativas de suas ações e reações. Muitos estudantes em sala, como salientado na pesquisa acima mencionada, escolhem assumir comportamentos pessoais aparentemente "fortes", porém que resultam em anulação, desmotivação, baixa retenção nas tarefas e inquietude. O esgotamento da busca pelo sucesso produz muitas vezes uma necessidade de encontrar vias alternativas capazes de fornecer uma defesa para as frustrações, para o fracasso. Essa defesa acaba alimentando a autoestima, indispensável para suportar os solavancos das experiências escolares, que com frequência

1 | As dificuldades no fazer escola

são bastante dolorosas pelas consequências sobre a própria visão de si mesmo. Os caminhos mais comuns que surgem e mais vezes escolhidos por esses estudantes são:

- *A indiferença:* o resultado escolar não importa, a nota negativa é irrelevante, uma eventual reprovação não afeta mais o sujeito. Tudo pode acontecer na escola, e o jovem se defende assumindo uma postura sólida, rígida no enfrentamento da experiência, inabalável e sem se ferir pelos acontecimentos.

- *A desmotivação:* as atividades apresentadas na escola não são atraentes, não vale a pena levá-las em consideração e se empenhar pessoalmente. O estudante que escolhe esse caminho vive a própria existência na escola com desânimo, convicto de que tudo proposto não tem utilidade na sua vida e de que é insensatez se empenhar por algo que não tem valor em si.

- *A inquietude:* a estimulação pessoal e a agitação contínua fornecem ao aluno motivos suficientes para alimentar o próprio eu defendendo-se da realidade escolar considerada difícil. Essa defesa pessoal pode atingir até níveis muito arriscados, pode crescer e incrementar o grau de agitação a ponto de chegar até mesmo a comportamentos violentos e desadaptivos bem difíceis de serem controlados pela escola. Ela fornece bastante fonte para o aluno que precisa se autoafirmar, visto que, ao se defender dos insucessos atacando as normas e regras estabelecidas em sala, ele mostra a todos os colegas sua pessoa impávida, sua coragem e autodeterminação, assim incrementando de sensações positivas de onipotência seu Eu.

- *O subterfúgio:* é o clássico caminho de defesa, no qual o estudante caminha escolhendo o menor mal para conseguir ficar engatado no vagão do sucesso pessoal. Escolhe-se a enganação (cola), a prevaricação (obrigam os colegas a passarem os trabalhos), a simulação (dor de cabeça) para evitar o fracasso. O caminho do subterfúgio é bem estreito e perigoso, facilmente decifrável por professores e pais atentos, apesar disso é escolhido quase sempre por muitos jovens, pois, de forma banal, é simples e tem a entrada acessível.

20 Luigi d'Alonzo | A diferenciação didática para a inclusão

- *O ocultar-se*: é o caminho de defesa, ao que parece, menos invasivo; todavia, para alguns se torna a principal via para alimentar o próprio Eu. Esses indivíduos na sala parecem sumir aos olhos dos outros colegas e dos professores, suas atitudes comportamentais irrepreensíveis acabam sendo paradas, quase imóveis diante do mundo; como rochas no meio do mar, eles se escondem da experiência e procuram de todas as formas não aparecer para não causar danos maiores a uma visão de si já bastante modesta e precária. É a defesa extrema de um sujeito, em idade evolutiva, muito frágil para atuar no mundo, mas, ao mesmo tempo, capaz de camuflar-se para não aparecer, para não adicionar outros fracassos na vida. É uma experiência comum de muitos docentes só perceberem esses alunos e sua presença quando precisam apresentar o andamento escolar deles num conselho de classe.

Os alunos são diversos

A complexidade em sala de aula também pode ser notada, de forma inconfundível, pelas grandes diferenças que os alunos apresentam. É um fato que, de modo cotidiano e gradativo, os professores se veem trabalhando com grupos bastante heterogêneos, nos quais os jovens exibem comportamentos diferentes e também necessidades diversas, que afetam seus desempenhos escolares.

Muitas vezes salientamos essa evidência (d'Alonzo *et al.*, 2015). Trata-se de indivíduos que quase sempre são definidos, com uma operação de uma simplificação banal e perigosa, conforme categorias de tipo linguístico que arriscamos aprisionar numa série de definições; e que justificam o professor, fornecendo-lhe álibis para falta de iniciativa e, logo, de profissionalismo. A seguir uma lista daqueles que perturbam e causam:

- alunos difíceis;
- alunos mal-educados;
- alunos com deficiência;

1 | As dificuldades no fazer escola 21

- alunos com transtornos específicos de aprendizagem;
- alunos estrangeiros;
- alunos ansiosos, preguiçosos, indolentes.

É necessário reconhecer que, em todas as turmas e em todo nível escolar, deve-se cuidar dos alunos difíceis, com comportamentos e atitudes de afastamento e indisponibilidade para relação educativa, com quem é árduo instaurar uma relação pessoal, pois eles são adversos a qualquer forma de envolvimento, são desconfiados e receosos. Um professor, embora encorajado por boas intenções, tem dificuldade de aproximar-se com intenção educativa desses jovens, sentindo muitas vezes oposição à sua pessoa e ao valor da tarefa formativa. É necessário muita paciência e esforço contínuo para infringir uma parede, uma barreira que torna o trabalho na sala de aula fatigante e, de vez em quando, mortificante. Contudo, quando o docente se mostra perseverante, determinado a superar todas as resistências do aluno ganhando sua confiança por meio do interesse autêntico e contínuo por sua pessoa, pela constância na intervenção educativa e por sua proximidade, a barreira vacila e a força da relação educativa produz mudanças impensadas.

Porém, na sala de aula, um professor também encontra outras diferenças, sobretudo pela ausência de linhas educacionais corretas vivenciadas em família, levando vários alunos a não saberem como agir bem na escola. São os indivíduos chamados de "mal-educados", ou seja, educados mal porque estão pouco habituados a se deixarem levar no engajamento em comportamentos oportunos e justos, que tornam um sujeito capaz de inserir-se plenamente com os outros numa dimensão social e comunitária. Com frequência, os docentes se veem precisando se preocupar com esses jovens que apresentam atitudes carentes até dos mínimos requisitos necessários para uma vida social escolar. A "má-educação" se manifesta em palavrões, intercalados com palavras vulgares, atitudes rudes, desempenho escolar alternativo e falta de respeito pelos colegas e pelos adultos. A capacidade do professor de ser, acima de tudo, um educador surge com esses alunos com todo seu significado redentor.

Um outro elemento de complexidade é fornecido pela presença de alunos com deficiência em sala. Nenhum docente na Itália pode, de fato, negligenciar a presença de indivíduos com déficit. Desde os anos de 1960 que nosso país fez uma escolha precisa: todos devem ir à escola, todos devem frequentar as instituições educacionais. Dessa escolha fundamental que decorrem a tarefa e a missão dos professores de estimular percursos educacionais e didáticos idôneos e direcionados às necessidades especiais de cada aluno, até mesmo dos que apresentam déficits. O professor de apoio é um recurso e permanecerá sempre uma presença essencial dentro da sala de aula, mas sabemos que ele não atende a todas as necessidades do indivíduo com deficiência. Sua competência pode ser determinante na orientação seguindo os princípios corretos da vida em sala, considerando as exigências de todos e, de modo particular, dos alunos com déficits. Todavia, o que é realmente necessário, como compreendemos nos últimos quarenta anos, é projetar uma vida na sala *inclusiva de verdade*, onde cada aluno, independente de suas necessidades específicas, independente de seus transtornos e problemas, possa encontrar um ambiente impregnado de intencionalidade educacional, cheio de propostas eficazes, rico de experiências formativas e onde os singulares possam encontrar, com a ajuda dos colegas, os caminhos para o crescimento e a aprendizagem. Graças a um clima inclusivo, as diferenças conseguem se expressar em percursos capazes também de fornecer conquistas aos sujeitos com transtornos específicos de aprendizagem. Os professores válidos e competentes sabem projetar soluções didáticas significativas, alinhadas com suas peculiaridades, para esses alunos; e não se desencorajam com o grande esforço projetual que a construção desse clima educacional demanda. Os docentes sabem muito bem que, se desejam dar a cada estudante aquilo de que necessitam, é necessário de forma preliminar ter em mente todas as exigências dos indivíduos presentes em sala e lhes fornecer atividades e tarefas direcionadas e calibradas a suas especificidades. Nesse contexto formativo, seja o aluno estrangeiro, ou um indivíduo "ansioso", ou "indolente", ou "vagabundo", eles podem se inserir de forma cons-

1 | As dificuldades no fazer escola

trutiva e encontrar respostas adequadas, regenerando assim o próprio estímulo motivacional.

Contudo, também podemos comprovar a diversidade observando as diferentes peculiaridades individuais que afetam a aprendizagem dos nossos alunos na sala de aula. São consideradas essas especificidades (d'Alonzo *et al.*, 2015):

- *a vista:* na sala podemos ter sujeitos com cegueira ou baixa visão, alunos com transtornos ligados à hipersensibilidade aos estímulos visíveis e sujeitos com autismo que apresentam dificuldades nesse sentido;
- *a audição:* alunos com surdez total ou perda auditiva, sujeitos com implantes cocleares que demandam atenções didáticas particulares e sujeitos com autismo que sofrem muito na presença de determinados ruídos produzidos em sala de aula;
- *o movimento:* jovens com deficiências físicas e motoras importantes, que se movem com cadeira de rodas ou graças a próteses, sujeitos com problemas de dispraxia ou com dificuldade de coordenação motora ou geral;
- *a leitura, escrita e cálculo:* alunos com transtornos específicos de aprendizagem com atestado, e sujeitos sem atestado de transtorno, mas que merecem grande atenção educativo-didática;
- *a compreensão linguística:* jovens estrangeiros que não dominam nossa língua e jovens italianos que têm dificuldade de compreensão linguística de mais ou menos importância.
- *a atenção e organização:* alunos com déficit de atenção e de hiperatividade e sujeitos desmotivados, com pouca inclinação para o esforço pessoal e desempenho escolar;
- *a aprendizagem:* alunos com déficit intelectual de vários gêneros e sujeitos com dificuldade de aprendizagem devido a experiências particulares passadas ou a privações culturais importantes.

Além disso, as "diversidades" dos nossos alunos, as peculiaridades, podem com frequência ter origem congênita e afetar os procedimentos pessoais de trabalho, os quais Antoine de La Garanderie indica como *habilidades evocativas*. Com seus estudos, ele chegou à conclusão de que, com frequência, os resultados negativos que muitos sujeitos têm em determinadas disciplinas escolares não são tanto devidos a uma oposição pessoal ao esforço, ou ao estudo, ou a uma baixa habilidade intelectual; o verdadeiro motivo reside nos procedimentos pessoais de trabalho que cada pessoa tem e que representam, em relação ao ensinamento de determinadas matérias, um tipo de oposição metodológica. As suas pesquisas, direcionadas aos estudantes ou aos docentes, deram como resultado a confirmação dessa ideia inicial que está na base da sua proposta educacional (d'Alonzo, 2016).

Na verdade, todos os alunos dispõem de "procedimentos pessoais de trabalho tão implícitos que não lhes permitem ter consciência. Esses procedimentos pessoais de trabalho constituem os próprios hábitos mentais" (de La Garanderie, 1980/1991), dos quais dependem as atitudes pessoais e os quais afetam fortemente os resultados escolares. Antoine de La Garanderie tem convicção de que essas propensões pessoais evoluem muito cedo no indivíduo, para depois se tornarem hábitos evocativos. Cada aluno nosso tem uma forma fundamental de hábito evocativo chamada de "língua materna pedagógica", que se diferencia de outra forma evocativa chamada de "segunda língua pedagógica". Ele tem firme certeza de que as pessoas utilizam um hábito evocativo próprio, podendo ser auditivo ou verbal, para operar no mundo. Os métodos pessoais que os sujeitos utilizam para compreender o mundo ao redor e, logo, para aprender as noções suficientes de uma inserção social e profissional profícua não são muitos, pelo contrário, segundo de La Garanderie, pode-se reduzi-los a basicamente duas categorias: o *método auditivo* e o *método visual*.

> Os membros de cada uma dessas duas famílias pedagógicas utilizam para aprender e compreender: de um lado, a interação verbal sob a forma de linguagem interna, e, de outro, a representação visual sob forma de imagens de coisas ou figuras (de La Garanderie, 1980/1991).

1 | As dificuldades no fazer escola 25

Então podemos ter alunos que, para aprender de forma espontânea, usam o canal auditivo em vez do verbal e vice-versa, porém, e talvez seja o mais importante, cada estudante nosso, mesmo que privilegiando o canal espontaneamente mais inato nele, também pode aprender a utilizar o outro hábito evocativo e, com isso, completar as próprias habilidades mentais de certa forma. De fato, com muita frequência, os alunos mais brilhantes são aqueles que conseguem com mais facilidade utilizar, para alcançar resultados excelentes, a segunda língua pedagógica também: "os alunos praticantes muito cedo das duas formas de evocação não têm nenhuma dificuldade escolar e se saem bem na maioria das matérias" (de La Garanderie, 1980/1991, p. 71).

O problema das habilidades escolares está estritamente ligado às teses expressas. As habilidades, na verdade, derivam, para de La Garanderie, dos hábitos evocativos e não são inatas no indivíduo. Se um sujeito não exibe uma particular predisposição para uma determinada disciplina, em geral se afirma que ele não tem habilidade. O autor alega que, em vez disso, muitas vezes, o aluno potencialmente tem a habilidade necessária para se sair bem naquela disciplina e não a deixa de usar por alguma incapacidade, e sim porque não sabe como usá-la.

Como vimos, complexidade e diversidade são aspectos indissolúveis da escola contemporânea, que, para exercer sua função, necessita atender de forma eficaz às necessidades variáveis e às multiplicidades dos estilos comunicativos em relação a todos e a cada um; e para garantir o verdadeiro progresso nas aprendizagens.

A fim de compreender de forma mais aprofundada a situação da escola e a indisposição e a dificuldade dos professores, é no momento oportuno analisar os resultados de uma interessante pesquisa realizada pelo Centro de Estudos e Pesquisas sobre Deficiência e Marginalidade (Cedisma).

2
O trabalho em sala de aula pela percepção dos professores

Silvia Maggiolini[2]

A peculiar contingência histórica que estamos vivendo, que vê convergir a crise econômica e social com a fragilidade do sistema de valores no interior de uma situação geral de incerteza e instabilidade, coloca em evidência também as limitações de uma instituição educacional que se esforça para adequar-se às transformações em voga nos últimos anos. A escola atualmente, em todas as suas facetas, parece estar atravessada por uma sensação geral de cansaço e mal-estar derivada das crescentes dificuldades do corpo docente não só em garantir a construção de processos significativos de aprendizagem, mas também em desempenhar plenamente a própria função educativa.

Em particular, entre os múltiplos fatores que competem pela definição dessa complexidade, mostra como o espectro das problemáticas e necessidades dos alunos presentes em sala de aula, se não são acolhidos e integrados harmonicamente no interior de uma gestão correta da sala, pode dificultar de forma significativa a proposta pedagógica e didática.

Disso vem a necessidade de favorecer caminhos de estudos capazes de superar a lógica improdutiva da "corrida desenfreada por

---

2. Silvia Maggiolini, Ph.D., pesquisadora de pedagogia especial e docente de projetos didáticos e atividades educacionais e especiais de psicopedagogia para pessoas com deficiências na Faculdade de Ciência da Formação da Universidade Católica do Sagrado Coração. Pesquisadora no Centro de Estudos Erickson e no Centro de Estudos e Pesquisas sobre Deficiência e Marginalidade (Cedisma) da Universidade Católica do Sagrado Coração. Na mesma instituição, é coordenadora dos laboratórios de mestrado em consultoria pedagógica para deficiência e marginalidade.

2 | O trabalho em sala de aula pela percepção dos professores

reparos", da intervenção fragmentada e comprimida daquelas que são vistas como as exigências do momento, do acolhimento do aluno com deficiência ou do estrangeiro, do jovem com transtorno de aprendizagem ou, último em ordem cronológica, daquele que apresenta uma necessidade educativa especial. Apenas com base nessas pesquisas que enfim será possível estimular uma reflexão atenta que possa realmente contribuir para a promoção de processos didáticos inovadores e eficazes.

Escola e complexidade educativa: dimensões emergentes

Lemos e debatemos sobre a escola cotidianamente: da última notícia trazida à tona pela mídia até a análise mais articulada sobre os pontos fracos que minam o seu bom funcionamento. Cada um de nós, mais ou menos diretamente, tem interesse nos problemas que afetam o nosso sistema formativo, ligados aos destinos das futuras gerações e, por isso, à possibilidade de crescimento e desenvolvimento de todo o país. E isso porque "a escola é uma comunidade educadora que acolhe todo aluno com o esforço cotidiano de construir condições relacionais e situações pedagógicas que permitam o desenvolvimento máximo"[3].

A responsabilidade que essa instituição assume no processo de desenvolvimento de uma pessoa representa então uma evidência absoluta: é nela, realmente, que são lançados os fundamentos para a construção da identidade pessoal, não apenas por meio da obtenção de competências ou de habilidades específicas, mas principalmente por via da aquisição de normas civis e hábitos morais que são a base de toda sociedade democrática (d'Alonzo & Maggiolini, 2013).

Portanto, parece lógico supor que a plena conquista desses objetivos tão altos possa acontecer apenas dentro de um contexto capaz de garantir, em primeira instância, o bem-estar de todas as pessoas convocadas a participar ativamente do processo de ensino-aprendizagem. É fundamental, então, que

---

3. Ministério da Educação, da Universidade e da Pesquisa (2009). *Linee guida per l'integrazione scolastica degli alunni con disabilità.*

> a escola [...] seja considerada como um sistema capaz de acolher e integrar exigências e necessidades diversas com o prioritário objetivo de realizar o desenvolvimento pleno da pessoa e de sua formação. Logo, uma escola capaz de colocar no centro do próprio interesse as pessoas com seus próprios recursos e fragilidades, que se ponha na prospectiva da promoção do bem-estar, e que assuma, como política, a sintonia com os alunos captando suas necessidades e potencialidades (Ronzoni *et al.*, 2010, p. 15).

Portanto, vivenciar a escola, em todos os diferentes aspectos, não pode e não deveria representar um problema: nem para os estudantes, cada um deles deveria conseguir encontrar nela o próprio espaço e entrever o significado do esforço dedicado; nem para os docentes, os quais, para executar plenamente uma tarefa tão complexa e extraordinária, deveriam ter condições de saber amar e acreditar no valor das palavras, dos gestos e das ações que compõem o dia a dia da sala de aula; nem para as famílias, que confiam a essa instituição a educação do próprio filho, buscando aliados válidos durante o longo caminho do crescimento até a idade adulta. Evidenciar essas afirmações pode parecer, numa primeira impressão, um pouco óbvio, ou ao menos retórico. Contudo, não é; a verdade é que a escola hoje parece assumir a dimensão de um ambiente social onde surgem e se desenvolvem formas diferentes e novas de dificuldades.

Não se trata mais, em síntese, apenas do mal-estar fisiológico e das dificuldades inerentes às transformações de uma fase evolutiva específica, como é o caso do aluno adolescente.

Na verdade, ele pode ter dificuldade na relação com a instituição escolar e com um sistema de aprendizagem baseado na lógica da avaliação e, com isso, desafiar a capacidade do docente de apoiar sua ação didática na construção de relações humanas autênticas, marcadas pela confiança e pelo respeito recíproco.

A escalada das críticas que caracterizam o atual panorama formativo parece, em vez disso, envolver, transversalmente, todos os níveis escolares, salientando uma dificuldade cada vez maior do corpo docente em atender às demandas educacionais até dos alu-

2 | O trabalho em sala de aula pela percepção dos professores

nos mais jovens. "O esforço educacional que atualmente é necessário desempenhar para adaptar, apenas do ponto de vista comportamental, alunos de 6 anos está de fato despropositai em relação ao passado" (d'Alonzo *et al.*, 2012, p. 9).

Logo, entre os estudiosos da área, existem muitos que compartilham da ideia de que nos dias de hoje estamos vivendo "uma experiência escolar que, nos ciclos anteriores, nunca preocupara muito o corpo docente do ensino primário, que sempre esteve à vanguarda nesse quesito (d'Alonzo *et al.*, 2012, p. 9).

Perguntamo-nos então: Quais são os resultados dessa mudança? Ou seja, de que modo se expressam os desafios educacionais que os alunos colocam nos docentes? Partindo de tais questões, e sob a ótica de uma crítica construtiva, ocorrerá uma tentativa de delinear o tema em questão, oferecendo algumas possíveis reflexões sobre as transformações em andamento no sistema escolar e nas dinâmicas relacionais que se desenvolvem nele.

As dificuldades em sala de aula: do que e de quem estamos falando?

Todos aqueles convocados a assumir responsabilidade educacional pelas novas gerações não podem abrir mão de interrogar-se constantemente sobre a boa índole do próprio trabalho para conseguir atender, de modo sempre mais adequado e eficaz, às múltiplas exigências inerentes ao processo de crescimento. Nos dias atuais, por exemplo, entre os encarregados do trabalho, são muitos os que percebem uma dificuldade maior, em relação ao passado, em conseguir compreender e educar jovens que parecem ter se tornado particularmente problemáticos nos âmbitos emotivo, comportamental e relacional.

Essa percepção é compartilhada sobretudo pelo corpo docente, que se vê todo dia precisando administrar salas cada vez mais complexas, experimentando uma sensação preocupante de impotência não só diante das demandas urgentes, derivadas do contexto escolar, mas também do sucesso em instaurar com os próprios alunos uma conexão de valor, capaz de fornecer condições de bem-estar e de veicular processos significativos de aprendizagem.

30 Luigi d'Alonzo | A diferenciação didática para a inclusão

Além disso, pensando bem, por um lado, o paradigma da pluralidade (dos saberes, das competências, dos modos de ser e das necessidades dos alunos) contribuiu para acentuar as críticas ao papel docente; por outro, é necessário também evidenciar como as demandas evolutivas que os jovens expressam não podem diferir consideravelmente daquelas dos seus colegas de dez anos atrás.

Com essa afirmação, deseja-se evidenciar a importância de promover reflexões que vão além de uma tentativa de demonizar o presente e de uma evocação, de memória ciceroniana, da nostalgia dos tempos e costumes passados.

Na verdade, cada período histórico carrega de forma inevitável consigo elementos de desafios e transformações que tornam oportuno um esforço constante em revisar modelos consolidados e adaptar-se a necessidades novas e diferentes. Pensemos na história da educação italiana, repleta de fases e transições mais ou menos cruciais que contribuíram para a renovação da cultura pedagógica por meio de experimentos metodológicos e didáticos: da introdução do desempenho do dever escolar à inserção, até a integração e inclusão progressiva do aluno com deficiência nas salas comuns.

Ao entrar no mérito da atual realidade escolar, salienta-se como as dificuldades esgotadas pelos professores não podem mais ser atribuídas, *tout court*, à administração de uma única condição de deficiência ou de indisposição do estudante; na verdade, elas são intrínsecas à própria natureza de um grupo, no qual cada um, como já foi dito, é portador de uma especificidade própria. Logo, o grito de ajuda atual de muitos docentes se apresenta na possibilidade de gerir essa heterogeneidade, respeitando as necessidades educativas de todos e de cada um, sobretudo se forem ocultas ou dificilmente interpretáveis.

A pesquisa

Uma contribuição à compreensão dessa complexidade é fornecida pela pesquisa já mencionada *Gli alunni a scuola sono sempre difficili? La percepzione degli insegnanti* [Os alunos na escola estão ficando mais difíceis? A percepção dos professores], conduzida pelo

2 | O trabalho em sala de aula pela percepção dos professores

Centro de Estudos e Pesquisas sobre Deficiência e Marginalidade da Universidade Católica do Sagrado Coração de Milão (Cedisma)[4].

O estudo, criado para reunir elementos de reflexão mediante a voz dos próprios docentes, se desenvolveu em duas fases: setembro de 2012 – maio de 2013; setembro de 2013 – maio de 2014. No fim da primeira etapa do trabalho foram recolhidos 754 questionários (d'Alonzo *et al.*, 2013), até se atingir, na fase conclusiva, uma amostra completa de 915 docentes de vários níveis escolares, da Educação Infantil ao Ensino Médio, distribuídos por todo o território nacional. A escolha em seguir com a coleta de dados vem da vontade do grupo de pesquisa de ampliar o conjunto de referências, também em consideração às inúmeras pesquisas avançadas no Centro de Estudos em relação à organização de percursos formativos e modernização.

Desde logo, é necessário precisar que a seleção dos participantes não se baseou num procedimento de amostragem sistemática, e sim foi baseada na adesão voluntária dos professores. Contudo, o grupo definitivo de docentes acaba sendo bastante heterogêneo devido a diferentes fatores: nível escolar a que pertence, anos de experiência profissional, disciplina ministrada, se é professor de apoio ou de sala de aula. Portanto, se, por um lado, a modalidade específica de recrutamento dos participantes não pode ser considerada capaz de satisfazer plenamente os critérios de representatividade, por outro, há uma convicção de que as respostas obtidas e os dados derivados do cruzamento de alguns itens fornecem espaço para reflexões interessantes na área pedagógica.

A metodologia e o instrumento de pesquisa foram definidos em relação à finalidade do projeto: consentir, por meio do fornecimento de um instrumento simples e imediato, a participação de um número significativo de docentes, com o objetivo de conhecer sua percepção sobre as dificuldades vivenciadas em sala durante a administração cotidiana dos alunos. Em particular, desejou-se compreender em que medida eles notaram mudanças relevantes, em relação ao passado, nas modalidades relacionais e comportamentais conduzidas pelos jovens.

---

4. http://centridiricerca.unicatt.it/cedisma-home

Com o objetivo de facilitar a compilação, optou-se por estruturar o questionário com 21 perguntas, das quais 16 têm respostas predefinidas que devem ser escolhidas, e 5 têm várias alternativas, mas apenas uma é certa. As perguntas são subdivididas em seis áreas: características do grupo, composição da sala de aula, mudanças no aluno durante o tempo, clima em sala e percepção do docente sobre a distância entre os considerados "excelentes" e a média geral dos colegas.

O perfil dos docentes participantes

Uma primeira observação é fornecida pelas características do grupo de pesquisa e, em particular, pelos anos de experiência profissional adquiridos pelos participantes docentes.

Independentemente do nível escolar a que pertencem, o percentual daqueles que estão no serviço há quase ou há mais de vinte anos acaba sendo bastante elevado. Essa peculiaridade, além de permitir a obtenção de dados interessantes sobre a possibilidade de enfrentar as mudanças ocorridas nesse grande arco temporal na relação com os alunos, também confirmaria os dados dos levantamentos nacionais relativos à idade dos docentes italianos (Fundação Giovanni Agnelli, 2009), com média maior do que a dos colegas europeus. O que evidencia, por exemplo, as dificuldades derivadas da crescente diferença geracional, destinada a permanecer invariável ainda por muito tempo[5], e as críticas ligadas à renovação com jovens professores de formação recente.

A composição das turmas

Como diferentes estudos já evidenciam (d'Alonzo, 2008; 2012; Tomlinson & Imbeau, 2006/2012), e como já foi salientado nesta contribuição, a complexidade representa a chave de leitura para

---

5. Os recém-nomeados pela lista de classificação de professores capacitados não podem contribuir para diminuir a idade média, pois os históricos precários em que estão inseridos envelheceram à espera de serem recrutados por tempo indeterminado (fonte: Escola ElleDiCi, maio de 2014).

2 | O trabalho em sala de aula pela percepção dos professores

compreender o panorama que está se delineando no interior das salas de aula.

Para conhecer a amplitude e reincidência dessa evolução, em termos quantitativos também, foi requisitado aos docentes que reconstruíssem a composição de suas turmas, por meio da individualização de algumas possíveis categorias: presença de alunos com deficiência, com transtornos específicos de aprendizagem (de agora em diante TEAp), estrangeiros, com indisposições pessoais e educativas, alunos "mal-educados" (tomando essa expressão no seu sentido literal, portanto, referindo-se a jovens que não foram beneficiados com uma educação familiar atenta e coerente), e ainda alunos "ansiosos", indolentes, preguiçosos, e também os que se distinguem pela excelente capacidade no campo da aprendizagem e que demandam, igualmente, atenções e intervenções educacionais específicas.

Como exposto na tabela a seguir (Tabela 2.1), considerando as turmas de todos os níveis escolares, o grupo acaba em média composto assim: 22 alunos, dos quais 1 com deficiência, 1 a 2 com TEAp, 3 a 4 estrangeiros, 2 a 3 com problemáticas pessoais e educativas acentuadas, 2 a 3 "mal-educados", 3 a 4 "ansiosos", indolentes, preguiçosos e 3 alunos excelentes no campo da aprendizagem.

É interessante identificar como os dados fornecidos pelos docentes participantes da pesquisa parecem reproduzir um perfil da realidade escolar do nosso país, principalmente relativo aos alunos com deficiência, TEAp e estrangeiros[6]. No detalhe, observa-se uma concentração maior de alunos com deficiência[7] no Ensino Fundamental I e II em relação à Educação Infantil, durante a qual eles talvez não tenham ainda obtido um atestado, ou ao Ensino Médio, no qual o acesso, para muitos desses jovens, ainda hoje acaba sendo bastante problemático.

---

6. Cf. Miur (2012a; 2015a; 2015b).

7. O percentual dos alunos com deficiência sobre o total dos alunos se aproxima, nos anos escolares de 2012/2013, dos 2,5%. Mais precisamente, esse percentual equivale a 1,3% na Educação Infantil, a 3% no Ensino Fundamental I, a 3,7% no Ensino Fundamental II e a 2% no Ensino Médio. Em nível regional, registra-se inúmeras discrepâncias: dos 1,9% da Basilicata aos 3,1% do Lácio e Abruzzo, até os 3,3% de Trentino-Alto Ádige (fonte: dados Miur, outubro de 2013).

Tabela 2.1 – A composição das turmas

	Média total	Educação Infantil	Ensino Fundamenta I	Ensino Fundamental II	Ensino Médio
Total de alunos presente na turma	22	24	22	23	26
Alunos com deficiência	1	1	De 1 a 2	De 1 a 2	1
Alunos com TEAp	1,2	De 0 a 1	1	De 1 a 2	De 1 a 2
Alunos estrangeiros	3,3	De 3 a 4	De 3 a 4	De 3 a 4	De 2 a 3
Alunos com problemáticas pessoais e educativas	2,4	2	2	De 2 a 3	De 3 a 4
Alunos "mal-educados"	2,2	De 1 a 2	De 1 a 2	De 2 a 3	De 4 a 5
Alunos "ansiosos", indolentes, preguiçosos	3, 5	2	De 2 a 3	De 4 a 5	De 6 a 7
Alunos "excelentes"	3	De 3 a 4	De 2 a 3	De 3 a 4	De 2 a 3

2 | O trabalho em sala de aula pela percepção dos professores   35

Embora não tenha sido considerado necessário questionar especificamente as diferentes deficiências presentes nas turmas, pois isso não está estritamente ligado ao foco dessa pesquisa, é necessário evidenciar que, a nível nacional e em todos os níveis escolares, a deficiência intelectual representa a categoria mais difusa, somando, nos institutos estaduais ou não, mais de 150 mil alunos (65,3% do total dos alunos com deficiência)[8]. Relativo aos estudantes com TEAp, os dados em posse correspondem a uma lógica precisa, considerando ser possível diagnosticar um transtorno específico apenas depois dos primeiros anos escolares. O aluno estrangeiro constitui uma presença importante nas turmas dos docentes que responderam ao questionário (3 a 4 da Educação Infantil ao Ensino Fundamental II), alinhando-se também nesse caso aos levantamentos nacionais[9]. Enfim, analisando as outras condições problemáticas, observa-se, com a passagem para os níveis superiores da escola, um aumento significativo de estudantes vistos como frágeis ou particularmente problemáticos nos campos humano, emotivo e relacional. De acordo com os docentes do Ensino Fundamental II e do Ensino Médio, os alunos considerados "indolentes, ansiosos e preguiçosos" formam uma presença importante na composição da turma (respectivamente de 4 a 5 e de 6 a 7). Portanto, precisamente numa fase particularmente delicada do ponto de vista da construção de identidade pessoal e social, o estudante adolescente é obrigado a enfrentar um sistema que o vê como problemático, de difícil gestão e impaciente com as

---

8. Cf. Miur (2015b).

9. No ano escolar de 2012/2013, o número dos alunos com cidadania não italiana era de 786.630, ou seja, 30.691 a mais do que no ano escolar anterior. Para o ano escolar de 2012/2013, o aumento geral da presença de alunos estrangeiros foi de 4,1%, devido essencialmente aos alunos de cidadania não italiana nascidos na Itália que representam 47,2% dos alunos estrangeiros totais (em contrapartida, os novos ingressos no nosso país a partir do Ensino Fundamental eram de 3,7%) (fonte: dados Miur, outubro de 2013). No ano escolar de 2014/2015, o número desses alunos chegou a 805.800 (fonte: dados Miur, outubro de 2015).

36 Luigi d'Alonzo | A diferenciação didática para a inclusão

demandas da instituição escolar. Tudo isso tem um risco consequente de consolidar um círculo vicioso que o leva a se adequar e a se conformar com a imagem atribuída.

Os alunos estão cada vez mais difíceis

A maior parte da amostra da pesquisa denuncia as críticas derivadas da gestão de jovens considerados cada vez mais problemáticos, independentemente do nível escolar ou do tempo de serviço. Essa última observação, em particular, testemunha como essa sensação de indisposição é difusa também entre aqueles que, se beneficiando de uma formação recente, devem conseguir se apresentar como motor de renovação.

De acordo com tal consideração, devemos mencionar também os resultados da pesquisa realizada pela Fundação Giovanni Agnelli (Gianferrari, 2010) sobre os docentes recém-contratados, com o objetivo de compreender, com base em diferentes dimensões, o perfil dos novos professores, como eles veem a própria profissão, a responsabilidade educativa da qual estão investidos e também os limites vividos no trabalho cotidiano.

> Existem dificuldades relativas à presença na sala de aula que se acumulam nos docentes de todos os níveis escolares e que prevalecem em outros: promover a motivação para aprender, manter a disciplina e obter resultados satisfatórios de aprendizagem dos estudantes (Gianferrari, 2010, p. 15).

E ainda:

> O crescimento exponencial do "cansaço" do ensino atingiu dimensões que não podem, de modo evidente, ser imputadas apenas aos professores: [o cansaço] está assumindo um aspecto de fato estrutural e endêmico, e deve-se confrontá-lo dessa forma (Gianferrari, 2010, p. 15).

2 | O trabalho em sala de aula pela percepção dos professores

Além disso, diante de tais aspectos de evidente preocupação, o relatório de pesquisa da Fundação Agnelli salienta também elementos positivos, sobretudo a gratificação que o professor obtém da relação pessoal com o estudante. Um dado de grande valor, e que abre caminho para pistas de reflexões importantes e fornece indicações para os possíveis âmbitos de intervenção. Digamos: os docentes recém-contratados, embora percebendo nas próprias observações os problemas que parecem afligir a escola atual, também têm consciência do papel prioritário presente nas relações humanas e nas dinâmicas que levam consigo para a construção de um clima positivo de trabalho, condição indispensável para fins de aprendizagem.

Logo, quais foram os fatores que contribuíram para piorar essa relação? Algumas pistas, mais uma vez, podem ser extraídas dos dados da pesquisa sobre a percepção dos docentes, que enumeram, entre os elementos de ruptura com o passado, *o comportamento desrespeitoso com as regras e a fragilidade emotiva* usados pelos alunos atuais para reagir às demandas do contexto social (cf. Figura 1.1 do capítulo 1). Os dois comportamentos, pensando bem, não são completamente dissociados um do outro se considerarmos que a desorientação, ditada pela ausência de confins educacionais claros, entre os quais a possibilidade de agir e vivenciar espaços de liberdade, pode favorecer o desenvolvimento de uma personalidade fraca, imatura e ancorada na forma de relações infantis. Logo, encontramo-nos imersos numa sociedade que parece perpetuar um fenômeno quase paradoxal: por um lado, deseja-se tornar as crianças autônomas o mais rápido possível, desde o berçário e da Educação Infantil, enquanto, por outro lado, esgota-se para encontrar estratégias educacionais a fim de ajudar os jovens maiores e desbloquear as dinâmicas de dependência que os tornam cada vez mais frágeis e passivos. Outros aspectos dignos de atenção são a desmotivação, com a qual os

38 Luigi d'Alonzo | A diferenciação didática para a inclusão

alunos vivenciam a aprendizagem, a baixa retenção nas tarefas e a tendência a se entediarem com facilidade. Ou seja, os professores notam uma inclinação preocupante que leva alguns jovens a sofrerem com a própria presença em sala, a não investirem paixão e energia no processo de crescimento até a vida adulta. Em particular, algumas afirmações colhidas no âmbito de tal pesquisa – por exemplo, "Os jovens não têm sonhos, nem objetivos a alcançar" e "Não têm interesse por nenhum assunto" – repetem o que há tempos vêm denunciando os estudos sobre a condição juvenil (Buzzi *et al.*, 2007) a respeito do desprendimento com o qual as jovens gerações vivem a própria existência e tudo que lhes dá profundidade: afeto, aprendizagem, ideais, valores e preparo para o mundo adulto (para mais aprofundamentos sobre a condição juvenil na Itália, cf. Instituto Giuseppe Toniolo, 2016).

Ao analisar no detalhe as respostas dadas, nesse quesito, em relação ao tempo de serviço, observa-se uma notável discrepância em questões de valores percentuais entre os dois extremos, ou seja, entre os docentes com menos de cinco anos e mais de dez anos de ensino, principalmente em relação a alguns itens (Figura 2.1). Se ambas as categorias dos docentes julgam ser a facilidade de entediar-se o principal fator de mudança no comportamento dos jovens, as posições tendem a se diferenciar mais adiante: de um lado, os veteranos indicam nas sucessivas posições a baixa retenção nas tarefas (62%), a fragilidade emotiva (58%) e a desmotivação na aprendizagem (57%); do outro lado, os mais jovens salientam o comportamento desrespeitoso com os professores (30%) e com os adultos em geral (26%).

Mais elementos de reflexão são fornecidos pelas mudanças, verificadas nos anos, notadas pelos docentes em relação ao tempo necessário para a criação de um clima de trabalho adequado, seja no início do ano escolar, seja ao entrar em sala a cada aula (Figuras 2.2, 2.3, 2.4 e 2.5).

2 | O trabalho em sala de aula pela percepção dos professores

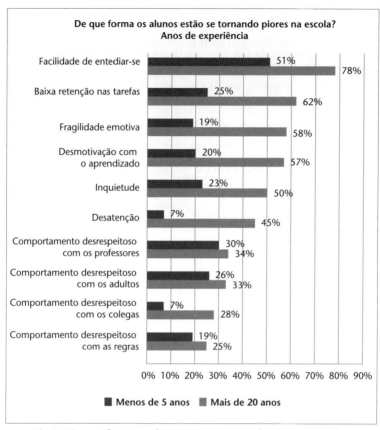

Fig. 2.1 De que forma os alunos estão se tornando piores na escola? (Anos de experiência do docente.)

Fig. 2.2 Tendência temporal relativa ao tempo necessário, no início do ano, para criar um ambiente em sala de aula adequado.

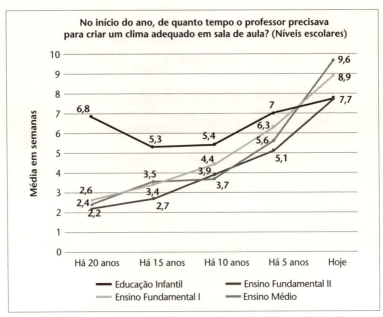

Fig. 2.3 Tendência temporal relativa ao tempo necessário, no início do ano, para criar um ambiente em sala de aula adequado.
(Subdivisão dos níveis escolares.)

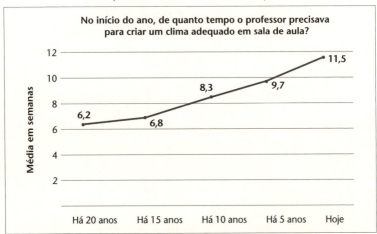

Fig. 2.4 Tendência temporal relativa ao tempo necessário, no início da aula, para criar um ambiente em sala de aula adequado.

2 | O trabalho em sala de aula pela percepção dos professores

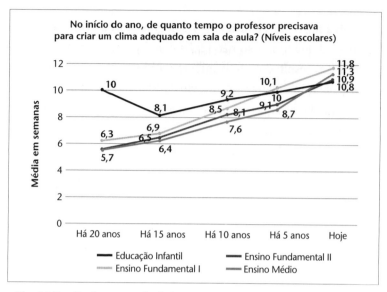

Fig. 2.5 Tendência temporal relativa ao tempo necessário, no início da aula, para criar um ambiente em sala de aula adequado.
(Subdivisão dos níveis escolares.)

Uma última área averiguada na pesquisa se refere às modificações ocorridas nos anos, de acordo com as percepções dos docentes, em relação à distância entre os alunos considerados particularmente brilhantes no campo do aprendizado e a média da turma. Muitos docentes, como já foi salientado, consideram que um fator relevante da complexidade na gestão da turma seja representado pela elevada heterogeneidade das necessidades educativas presentes nela. Deve-se incluir entre elas também os jovens que se distinguem de modo notável pelos resultados obtidos e que necessitam de atenção adequada no plano educativo e didático.

Como se presume facilmente, quem observa de forma mais notável essa lacuna (que cerca de 60% da amostra definem discreta) são principalmente os professores dos últimos níveis escolares (Ensino Fundamental II e Ensino Médio), nos quais os desempenhos requeridos em termos de conhecimento, competência e capacidade estão cada vez mais elevados, contribuindo para alargar o intervalo entre essas duas bandas. Não se observam, contudo, diferenças significativas em relação ao tempo de serviço do docente.

Sob a luz de tais considerações, logo se torna evidente como é impossível que tudo isso não tenha consequências, nem na preparação e nos resultados efetivamente obtidos pelos estudantes, nem na organização didática e na gestão cotidiana da turma.

Foi também o que surgiu na interessante e recente pesquisa Pisa-Ocde (Organização para a Cooperação e Desenvolvimento Econômico [Ocde], 2015), que salienta bastante, por meio de observações empíricas internacionais, a estreita *correlação entre o bem-estar social-emotivo do aluno e a performance escolar.* Uma prova disso é o fato de que os países com melhores resultados nas competências matemáticas, por exemplo, Bélgica, Japão, Liechtenstein, Singapura e China, registram também altos níveis de felicidade e bem-estar dos próprios alunos. Nessa classificação, a Itália fica abaixo da média Ocde na preparação dos jovens (pontuação 485 contra 494, de acordo com o teste Pisa de matemática) e no bem-estar na escola (75% contra os 80% da média Ocde). E não é nem o caso de a Ocde, que há anos se ocupa em medir as competências alcançadas em algumas disciplinas pelos adolescentes de todo o mundo, se interessar pela primeira vez pelo bem-estar deles na escola, algo fundamental para um desenvolvimento positivo e completo[10].

Porém, então nos perguntamos: se um número cada vez maior de estudos científicos valida a tese de que somente é possível realizar um aprendizado verdadeiro por meio de um envolvimento pessoal e do uso de estratégias relacionais específicas, por que, com muita frequência, recorre-se a modelos didáticos anacrônicos, a práticas de gestão de grupos que há muito tempo se revelaram falhas? Se sabemos quais são os ingredientes necessários para executar um bom trabalho em sala, por que ainda não dedicamos a eles uma atenção justa?

---

10. "Pela primeira vez, as pesquisas Pisa 2012 pediram aos estudantes que avaliassem sua felicidade na escola. Pela escola ser um contexto social para os jovens de 15 anos, se não for o primeiro, essas perguntas subjetivas fornecem uma boa indicação do quanto os sistemas de ensino são capazes de favorecer ou comprometer o complexo bem-estar dos estudantes" (Ocde, 2015, p. 1).

2 | O trabalho em sala de aula pela percepção dos professores 43

Promover o bem-estar em sala

"Os jovens passam cerca de um terço de seu tempo acordado na escola, durante a maior parte das semanas do ano. Por isso, ela tem um impacto significativo na qualidade de vida deles" (Ocde, 2015, p. 1). Esse dado, que inicia o mencionado relatório da Ocde, expressa as razões de por que é fundamental garantir na sala melhores condições para fornecer a todos uma vivência serena do próprio papel e a realização das tarefas requisitadas.

Talvez pareça óbvio salientar como a felicidade de um grupo é o êxito do bem-estar de cada um de seus componentes e como tal valor representa, para cada um, o objetivo final a fim de doar significado aos gestos e aos esforços cotidianos. De fato, apenas se uma pessoa recebe atenção e respeito por suas próprias necessidades é que ela consegue reconhecer nos interesses comuns seu bem individual também. As formas em que tal respeito se substancia, no interior de uma turma, são múltiplas: o cuidado com as pessoas, sejam adultos ou menores de idade, com o tempo, diferente para cada um, com o espaço e o ambiente no qual a aprendizagem ocorre e com as palavras com que se constroem e se reforçam as conexões.

Ao pensar na escola como um lugar onde se aprende a viver, acreditamos plenamente que tudo está integrado e que é essencial, portanto, agir de modo que os alunos consigam encontrar uma fonte de satisfação e crescimento nela.

Contudo, por quais canais se torna possível traduzir essas teses teóricas? Quais são os elementos, de ordem estrutural ou procedural, que contribuem para a criação de um ambiente de trabalho que permita a todos viverem de modo positivo e empolgante? Devemos partir da constatação necessária de que preparar um ambiente desse tipo significa, antes de tudo, redescobrir *a centralidade do papel docente*, da qualidade das relações que conseguirá estimulá-lo e mantê-lo e, mais ainda, dos recursos emotivos e afetivos, os únicos capazes de transformar uma transmissão de conceitos em experiência real de aprendizado.

Um mesmo conceito, um mesmíssimo conteúdo disciplinar pode despertar no estudante um grande interesse e uma compreensão imediata, ou pode acabar totalmente insignificante e uma fonte de estresse; tudo de acordo com a capacidade do professor de assumir uma função de "controle", modulando a própria intervenção em relação às complexas dinâmicas que se estruturam no grupo (d'Alonzo & Maggiolini, 2013, p. 83).

Logo, é a ligação autêntica, de confiança, que se instaura a nível humano entre aluno e professor que representa o valor extra de uma boa gestão da turma, na ótica de uma promoção global do bem-estar. Apenas sobre tal base será possível, então, construir todo o resto.

"Os estudantes ficam mais felizes em frequentar a escola quando têm uma boa relação com seus professores" (Ocde, 2015). Isso implica a capacidade, da parte do docente, de saber gerar uma forma de cuidado que, assim sendo, não pode ser usada só uma vez, pois deve ser constantemente nutrida, aproveitada e adotada como modalidade de ação educativa. Então as condições que tornam realizável essa prospectiva invocam para a causa o valor do tempo, que vai além dos ritmos marcados do horário escolar; da atenção, como meio de reconhecimento de todas as pessoas, e não apenas da sua identidade como estudante; e também da presença, da disponibilidade e da lealdade com as quais o professor-educador consegue se apresentar diante dos alunos. Além disso, prestar atenção a esses aspectos significa ter consciência de que tudo isso não reduz o ambiente de intervenção didática nem tira de cena a figura do docente, e sim que a reforça e contribui para lançar a base de um processo de construção ativa do conhecimento, na qual cada um pode fornecer o próprio apoio pessoal.

Na complexa escola que delineamos, na qual os esforços dos docentes parecem quase se dissipar na variedade de exigências educativas presentes em sala, onde tudo assume o tom de prioridade e urgência, as orientações descritas acima adquirem um significado totalmente particular. Atualmente, são os próprios alunos, o cansaço com o qual encaram os desafios do mundo escolar, os resultados falhos dos percursos formativos em que muitos se arriscam termi-

2 | O trabalho em sala de aula pela percepção dos professores   45

nar[11], bem como o perfil que seus professores traçam deles, que lançam luz sobre a necessidade de uma revisão substancial da modalidade por meio da qual a proposta educativa escolar se estrutura. Na verdade, está claro que qualquer um que considere entrar na sala de aula e acessar os alunos, entrincheirando-se pela fortaleza dos conteúdos disciplinares, está fadado a fracassar antes de começar. Em vez disso, deve-se ter a coragem de enfrentar as necessidades formativas das novas gerações, abandonando primeiro a pretensão de ajustar o conhecimento com a adequação aos modelos pré-constituídos de saber e competência.

Existe, nesses âmbitos, um chamado evidente também às palavras do Papa Francisco quando afirma que:

> É necessário que os jovens encontrem uma referência positiva na escola. Ela pode ser essa referência ou se tornar caso haja no seu interior professores capazes de dar sentido à escola, ao estudo e à cultura, sem reduzir tudo a apenas uma transmissão de conhecimentos técnicos, e sim mirando construir uma relação educativa com cada um dos estudantes, que deve se sentir acolhido e amado por quem é, com todas as suas limitações e potencialidades.

E apelando para aquilo que, concretamente, deveria constituir o horizonte do trabalho do docente:

> Nesta direção, o trabalho de vocês é mais do que nunca necessário [...] Para aprender o conteúdo é necessário o computador, mas para entender como se ama, para entender quais são os valores e quais são os hábitos que criam harmonia na sociedade é preciso um bom professor[12].

---

11. Mencionando os dados sobre a dispersão escolar do Miur divulgados no mês de junho de 2013, no ano escolar de 2011/2012, os estudantes considerados "com risco de abandono" foram 3.409 no Ensino Fundamental II (0,2% dos alunos matriculados em setembro) e 31.397 no Ensino Médio (1,2% dos matriculados) (fonte: Miur, 2013, Relatório *La dispersione scolastica*). Para atualizações, cf. tb. o relatório recente "La lotta all'abbandono precoce dei percorsi di instruzione e formazione in Europa – Strategie, politiche e misure 2016", *Quaderni di Eurydice, 31*, http://www.indire.it/eurydice/

12. Discurso do Papa Francisco durante a audiência da União Católica dos Professores Médios, 14 de março de 2015.

46 Luigi d'Alonzo | A diferenciação didática para a inclusão

Por todos esses motivos, diante dos jovens cada vez mais frágeis e "pobres" de linguagem emotiva e de valores, estamos profundamente convictos de que a escola deve se equipar e buscar formas de alfabetização a fim de alcançar a mente e o coração de todos.

O papel da didática

A fim de projetar um contexto de aprendizagem que penetre nas raízes desses pressupostos, torna-se importante analisar também o papel que as estratégias didáticas, como as de natureza organizacional e metodológica, assumem no interior da gestão da sala de aula. Reentra, nesse âmbito de reflexão, um complexo de fatores que contribui para a construção daquilo que, quase sempre, é definido como "clima"[13] de trabalho. A qualidade da visão que todos os componentes têm em relação à própria presença em sala de aula influencia de forma notável o nível de bem-estar pessoal e coletivo e, por consequência, também a motivação e o esforço destinados à labuta cotidiana.

É fundamental para o docente conhecer as variáveis que promovem uma atmosfera acolhedora, extensa, mas competitiva, capaz de potencializar as oportunidades de aprendizagem e de estimular de forma contínua o desejo de conhecimento dos alunos. Apenas assim, ele poderá adequar a própria ação didática em função das necessidades que, de tempos em tempos, se tornam explícitas em um contexto específico de trabalho. Contudo, embora seja importante, o clima em sala mesmo assim permanece algo que não se pode decifrar com facilidade e muitas são as incógnitas que podem intervir e deteriorar as condições. Para que isso não aconteça, um bom professor deve

---

13. Em particular, de acordo com Freiberg (1999), o clima na sala de aula é o resultado da interação de cinco elementos a que os docentes e dirigentes escolares devem se atentar: a prevenção, o cuidado com o sujeito, a cooperação, a organização e a coletividade. Isso "condiciona o processo de aprendizado por meio dos sutis elementos que abrangem os professores, os estudantes, as famílias, a comunidade educacional e o ambiente social" (d'Alonzo, 2012, p. 35).

2 | O trabalho em sala de aula pela percepção dos professores 47

buscar estar o máximo possível *inteirado*[14] na vida em sala de aula e nas dinâmicas que se formam nela, para conseguir captar, e então conter, logo na primeira manifestação, algum eventual sinal de mal--estar ou esgotamento. Naturalmente, essas ações requerem ao docente não só um esforço notável em questão de trabalho extra, mas também uma disponibilidade para refletir continuamente sobre a tarefa e, assim, aprimorar sua capacidade hermenêutica.

Favorecer um clima positivo em sala significa, em última análise, cultivar com atenção o valor emotivo na base de cada experiência de aprendizagem, interpretar o erro como oportunidade de alinhamento e crescimento, alimentar a curiosidade e a paixão dos estudantes apoiando sua necessidade de autoestima e superar a lógica da avaliação por si só, a fim de consentir a eles que vivam plenamente, e serenamente, essa aventura extraordinária.

Além disso, seria interessante que todo professor conseguisse levar em igual consideração o delicado entrelaçamento entre a motivação e o estudo, entre envolvimento pessoal e o respeito às necessidades do aluno: entre essas, primeiro de tudo, as de sucesso e competência, com muita frequência subestimadas no projeto das várias atividades didáticas. Considerando a importância de estruturar as lições de modo que as inclinações dos jovens também sejam contempladas, principalmente daqueles considerados mais "difíceis", para os quais o interesse nutrido no enfrentamento de uma disciplina pode surgir apenas da possibilidade de entrever seu sentido e ligação com o mundo real. É evidente como o aspecto motivacional representa a chave de leitura de muitas situações problemáticas em sala: quando o desejo e a alegria de conhecer, de experimentar, de viver oportunidades de crescimento são ofuscados por outras prioridades, consideradas bem mais imperiosas, tudo se torna mais cansativo e vazio de significado. "O problema não é insignificante, visto que motivar um esforço profícuo se tor-

---

14. Um retorno ao pensamento pedagógico de Jacob Kounin (1970) e ao construto de *withitness*.

nou uma atividade preeminente, a ponto de representar o critério de distinção entre os professores capazes e os menos habilidosos" (d'Alonzo, 2012, p. 25).

Dado o valor do que está em jogo, ou seja, o bem-estar e a qualidade dos processos formativos dos nossos jovens, é prioritário se questionar, sem nenhuma veleidade de plenitude, sobre os fatores que podem contribuir para promover a motivação em sala de aula. Para fazer isso, não é necessário sair em busca de grandes revoluções, mas, sim, partir daquilo que acontece todo dia em sala. Estamos, de fato, convictos de que grande parte dos motivos subjacentes ao desejo de aprender passa pela capacidade do professor de propor os conteúdos os avivando de paixão e entusiasmo, de variar técnicas e estratégias de ensino, de saber encorajar nos inevitáveis momentos de desconforto e de empenhar-se para encontrar, com esforço e criatividade, novas ideias e novos percursos.

Apenas então o esforço do docente se torna também dos estudantes, numa espécie de ciclo no qual cada um pode descobrir, na dedicação do outro, o sentido da própria.

Não menos importante, construir um ambiente que deseja ser inclusivo significa também enriquecer a didática com diferentes formas comunicativas. De fato, é verdade, como foi sustentado até este momento, que a aprendizagem só pode acontecer ao se basear numa ligação autêntica, sólida e confiável entre as partes, logo se torna evidente a necessidade de nutrir com cuidado, desde os primeiros momentos de entendimento, as palavras e gestos aplicados para alcançar tal objetivo.

Todas as ações, intencionais ou não, ocorridas em sala transmitem uma mensagem e influenciam, mais ou menos diretamente, as várias relações que nela acontecem. Logo, é necessário que o professor saiba usar intencionalmente os vários códigos linguísticos e que recorra a eles com uma mistura de dose justa. Por exemplo, é importante que ele consiga integrar o canal verbal – mais imediato, mas nem sempre mais eficaz – com o corpóreo, visual e emotivo, dotados de maior potência expressiva e capazes de transmitir ao

2 | O trabalho em sala de aula pela percepção dos professores

mesmo tempo uma pluralidade de significados. Ao agir assim, será possível alcançar até os alunos que apresentam maiores dificuldades no campo sociorrelacional e que, dispondo de uma bagagem de instrumentos comunicativos mais limitados, se cansam de envolver-se na cotidiana vida em sala de aula.

Olhar nos olhos, usar palavras gentis, aproximar-se para sentir delicadamente a própria presença, acolher as emoções que nascem das experiências de aprendizagem são alguns dos sinais pequenos mediante os quais o docente pode transmitir interesse e amor pela pessoa. Ao mesmo tempo, contudo, é fundamental que seja respeitada a coerência entre as várias linguagens adotadas: os jovens são muito hábeis em pescar discrepâncias entre o que é declarado e o que é efetivamente manifestado pelo educador adulto, o que acaba então prejudicando a credibilidade e a estima dos seus alunos.

Cada vez mais, esses dons comunicativos e sociais, que todo bom professor deveria desenvolver, devem ser considerados fatores determinantes no processo educativo-didático, tanto que são reconhecidos, no âmbito da formação europeia, entre as oito competências-chave para o aprendizado permanente[15].

Sob a luz do que foi exposto, torna-se evidente como não é simples gerir as múltiplas facetas e competências inerentes à profissão docente: é necessário preparação, intencionalidade, formação contínua, troca de experiência e de boas práxis. Contudo, poder dispor de estudos e reflexões que documentam a eficácia de alguns percursos representa, sem dúvida, um bom ponto de partida, bem como um encorajamento para prosseguir rumo à direção adotada.

Acolher os desafios que o sistema escolar continuamente impõe e indagar as possíveis razões na base da crescente complexidade que muitos docentes experimentam significa, sobretudo, atender a um grande empenho de civilidade, que diz respeito a todos. Não

---

15. Recomendação 2006/962/CE do Parlamento Europeu e do Conselho (18 de dezembro de 2006) relativo às competências-chave para o aprendizado permanente (*Diário Oficial*, L. 394, de 30/12/2006, p. 10).

apenas por a escola representar o lugar-comum no qual toda pessoa cresce e se forma, mas também porque agora foi compreendido que o futuro de uma nação depende substancialmente da sua capacidade de acreditar e investir na formação das novas gerações.

De fato, se for verdade que as dificuldades da escola e dos jovens que a vivem não são nada além do reflexo das contradições e inquietudes do país, é ainda mais verdade que estas últimas podem ser apenas combatidas partindo de uma análise crítica das funções que tais instituições, e com isso todo o corpo docente, assumem.

Não é mais um problema só de alguns. Um número cada vez maior de estudantes sofre atualmente uma imposição didática que não consegue mais garantir as condições para viverem serenamente a própria jornada de crescimento e formação. Devido a essa constatação, logo devemos pensar numa escola que realmente fornece a todos as chaves de acesso para aprender e desenvolver suas potencialidades. E, para realizar isso, hoje mais do que nunca, há uma grande necessidade de docentes que saibam ser *mestres,* no sentido pleno do conceito, e que sejam capazes de alavancar o valor do próprio papel a fim de tentar infundir uma nova esperança na época de "paixões tristes".

3
A diferenciação didática
As bases

A necessidade da diferenciação

Diante de todas as evidências apresentadas até agora, constatado que, na sala de aula, nossos alunos mudaram de forma notável em relação ao passado, estabelecida a presença de necessidades pessoais diversificadas e específicas, verificada a disparidade nas turmas, demonstrado que cada aluno tem o estilo próprio de aprendizado peculiar e os próprios canais comunicativos preferenciais, torna-se necessária, de modo irrefutável, a exigência em adotar métodos de ensinamento que possibilitem a todos os alunos alcançarem objetivos escolares significativos e satisfatórios, elaborarem saberes necessários e consolidarem competências indispensáveis para viverem como protagonistas e, de maneira prazerosa, o papel de cidadão italiano e europeu.

A proposta apresentada neste volume é baseada exatamente na diferenciação didática, uma estrada obrigatória e, ao mesmo tempo, empolgante para conseguir entregar a cada uma das nossas crianças, dos nossos adolescentes, jovens presentes na escola, tudo aquilo que suas condições demandam.

A diferenciação na sala de aula é a chave que permite a todos compreenderem o sentido da proposta educadora, aprenderem os saberes fundamentais e alcançarem as competências indispensáveis para prosseguir no caminho dos estudos e da vida.

Projetar as competências e a diferenciação

O relatório da comissão da Unesco coordenada por Jacques Delors, publicado em 1996 com o ótimo título *Learning: The treasure within* [*Educação: Um tesouro a descobrir*], tinha como análise central a aprendizagem, direcionando a atenção máxima à pessoa que aprende na sua integridade. De fato, havia caracterizado os pilares sobre os quais basear a ação educativa na escola: "saber, saber fazer, saber ser e saber viver em companhia", uma síntese conceitual magnífica com o objetivo de indicar um percurso educacional significativo para uma sociedade atualmente em contínua transformação. Nos últimos anos, embora em continuidade com aquilo expresso pela Comissão de Delors, escolheram insistir em outros conceitos: "consciência, habilidade e competências". É a União Europeia que pede a tomada de consciência da importância de trabalhar em sala de aula usando um planejamento das competências como base. A recomendação do Parlamento Europeu e do Conselho da Europa (18 de dezembro de 2006, 2006/962/CE) define como competência "a mesma coisa que uma combinação de conhecimento, habilidade e comportamento adequados ao contexto". As Indicações Nacionais adotadas pela escola italiana retomam com clareza essas ideias.

> Com as Indicações Italianas pretende-se focar os objetivos gerais, os objetivos de aprendizagem e as metas relativas ao desenvolvimento das competências das crianças e dos adolescentes para cada disciplina ou área de experiência. Para o ensino da religião católica, regulamentada pelas concordatas, as metas de desenvolvimento das competências e os objetivos de aprendizagem são definidos, em comum acordo, com a autoridade eclesiástica (decreto do presidente da república do dia 11 de fevereiro de 2010). O sistema escolar italiano toma como horizonte de referência para o quadro das competências-chave do aprendizado permanente definidas pelo Parlamento Europeu e pelo Conselho da União Europeia (Recomendação do dia 18 de dezembro de 2006), as quais são: 1) comunicação na língua materna; 2) comunicação em línguas estrangeiras; 3) competência matemática e competência científica e tecno-

3 | A diferenciação didática

lógica; 4) competência digital; 5) aprender a aprender; 6) competências sociais e civis; 7) espírito iniciativo e empreendedor; 8) conscientização e expressão cultural. Esses são os pontos de partida atuais de uma vasta comparação científica e cultural entre as competências úteis para a vida e da qual a Itália participou ativamente. O esforço para conseguir tais competências a todos os cidadãos europeus de qualquer idade, independentemente das características próprias de cada sistema escolar nacional, não implica, da parte dos estados participantes da União Europeia, a adoção de legislações e currículos escolares obedecendo a um mesmo modelo. Pelo contrário, a diversidade dos objetivos específicos, dos conteúdos e dos métodos de ensino, assim como as diferenças históricas e culturais de cada país, embora orientadas pelas mesmas competências gerais, favorecem a expressão de uma pluralidade de maneiras de desenvolvimento e realização de tais competências. Esse processo não termina no fim da primeira fase de instrução, e sim prossegue com a extensão da obrigação de ensino no Ensino Fundamental e além, numa prospectiva de educação permanente, por todo o decorrer da vida (Ministério da Educação, da Universidade e da Pesquisa [Miur], 2012b).

No trecho relatado das Indicações, surge uma prospectiva conceitual que toma, como condição, a consciência de que é necessário diferenciar a proposta educacional e didática para possibilitar a obtenção dos objetivos educativos e o aprendizado do conhecimento e da habilidade irrenunciáveis no interno do quadro geral feito para entregar a todos os cidadãos europeus competências-chave consideradas indispensáveis.

O que é a diferenciação

Logo, tudo parece se encaminhar para a diferenciação didática, que podemos definir como: uma prospectiva metodológica de base capaz de promover processos de aprendizado significativos para todos os alunos presentes em sala de aula, destinada a propor atividades educativas didáticas específicas, realizar projetos que satisfaçam as exigências dos indivíduos num clima educativo no qual é comum encarar o trabalho didático com modalidades diversas. Diane Heacox (2001) prefere definir a diferenciação como "uma mudança de comportamento, de nível, de tipologia de ensino que assegura uma resposta às necessidades, aos estilos e aos interesses individuais específicos" (p. 25), enquanto Convery e Coyle (1993) falam de "processo com o qual o professor fornece oportunidades aos alunos para incrementar suas potencialidades, trabalhando no nível deles e usando uma variedade relevante de atividades de aprendizagem" (p. 13). Disso se deriva uma visão de ensino completamente diferente da tradicional que, como afirmam Willis e Mann (2000), se torna, assume de forma total "uma filosofia de ensino fundada sobre o pressuposto de que os docentes deveriam adaptar o ensino com base nas diferenças dos estudantes" (p. 1). São as condições objetivas das nossas turmas que obrigam os docentes a procurarem novos métodos de condução dos processos de ensino-aprendizagem, a experimentarem modalidades inovativas do "fazer escola". A diferenciação didática, se for bem conduzida e apoiada por uma gestão correta da sala de aula, pode ser a chave de acesso para permitir que cada aluno alcance os melhores resultados possíveis em relação ao conhecimento, às habilidades e às competências.

Como trabalhar bem?

A experiência de integração total que nosso país está vivendo desde o fim dos anos de 1970 nos leva a afirmar que estamos prontos para modificar nosso modo tradicional de operar em sala e para enfrentar um desafio educacional-didático, pois somos capazes de vencê-lo. Faz mais de quarenta anos, da Lei 118 de 1971, que a escola italiana abriu suas portas para a diferenciação; faz quatro décadas que, na sala, são propostos percursos alternativos, planos de trabalho individualizados, experiências de aprendizagem diversificadas baseadas na aquisição e construção de:

3 | A diferenciação didática

- *conhecimento*, ou seja, "o conjunto de fatos, princípios, teorias e práticas relativos a uma área de estudo ou de trabalho. Descrito como teórico e/ou prático indica o resultado da assimilação de informações por meio da aprendizagem";
- *habilidade*, ou seja, "a capacidade de aplicar o conhecimento e de usar o *know-how* para finalizar tarefas e resolver problemas. Descrita como cognitiva (uso do pensamento lógico, intuitivo e criativo) e prática (que implica a habilidade manual e o uso de métodos, materiais e instrumentos)";
- *competências*, ou seja, "a capacidade comprovada de usar o conhecimento, a habilidade e a capacidade pessoal, social e/ou metodológica, em situações de trabalho ou de estudos e no desenvolvimento profissional e/ou pessoal. Descrita em termos de responsabilidade e autonomia"[16].

São percebidas as dificuldades que até hoje se identificam em muitas escolas italianas no que diz respeito ao bom trabalho com os alunos com deficiência; sabemos que ainda hoje em muitos contextos escolares a experiência de inclusão está bem longe de ser realizada de forma total. As pesquisas à nossa disposição indicam como o caminho para uma inclusão total e real ainda está repleto de dificuldades, de preconceitos e de falta de preparo generalizado, embora, nos últimos anos, tenha acontecido uma evolução positiva inegável. Todavia, devemos discernir as experiências educativas-didáticas positivas das negativas. Existem escolas onde o aluno com deficiência vive um processo de inclusão estimulante por toda a sua vida, e outras que infelizmente se limitam a propor percursos individualizados paralelamente à turma. A situação na Itália é muito diversificada, até podemos encontrar realidades opostas na mesma escola, turmas em que o trabalho flui bem e turmas em que o aluno com deficiência é mortificado por um clima educativo-didático incapaz de oferecer-lhe oportunidades e recursos. Os sucessos na

---

16. *Raccomandazione del Parlamento Europeo e del Consiglio per attuare il programma comunitário di Lisbona*, Bruxelles, 5.9.2006, p. 15.

inclusão testemunham que sabemos trabalhar com eficácia e que é possível propor nas nossas escolas processos de ensino-aprendizagem significativos para os alunos com déficit. As evidências nos mostram que agir com sucesso na escola no plano inclusivo é viável caso realizemos algumas condições, como:

- renovação didática;
- acolhimento das diversidades;
- abertura às contribuições externas;
- trabalho em equipe.

Em primeiro lugar, a *renovação didática*. Para corresponder às exigências dos alunos com deficiência é indispensável modificar um antigo modo de "fazer escola" que vê a sala de aula como um único bloco humano destinado a absorver as experiências unitárias que o docente propõe do início ao fim do ano, onde os alunos escutam as lições orais do professor e são chamados para responder às perguntas feitas, nas quais as avaliações escritas são propostas a todos e ao mesmo tempo, e as interrogações são individuais, mas públicas, de frente para toda a turma. Com uma abordagem similar não é possível propor atividades didáticas individuais e, quando isso ocorre, acontece de o aluno, que recebe tarefas diversificadas de forma esporádica, se sentir mortificado ao não compreender as razões de uma proposta alternativa apenas para ele e interpretar, quase sempre, a diversidade como disparidade. As Indicações Nacionais, referindo-se ao ambiente para o aprendizado, afirmam que, entre os princípios metodológicos caracterizantes de uma ação afirmativa eficaz, há a atuação de intervenções adequadas às diversidades, a fim de que elas não se tornem desigualdades. Nesses anos, conseguimos constatar que, onde o trabalho flui bem, a abordagem tradicional é abandonada em favor das metodologias inovativas em que a lição "na mesa" permanece apenas uma das oportunidades à disposição, presente na bagagem de estratégias que o professor pode usar na sala. A renovação didática acontece sobretudo com um delineamento projetual acurado, anterior à entrada do professor na sala, e com um planejamento da vida comunitária em que

3 | A diferenciação didática

a participação e a colaboração dos alunos são amplamente promovidas. Além disso, onde se trabalha bem, não existe o temor em adotar estratégias de ensino direcionadas para as exigências dos indivíduos e é uma prática "normal" propor atividades diversificadas para cada aluno ou para grupos de trabalho. A relação com os professores é o pilar educacional fundamental sobre o qual se constroem as experiências de aprendizado; onde se trabalha com eficácia, de fato, o professor conhece cada aluno e todos estão envolvidos em um clima educativo positivo em que as pessoas agem e se esforçam para crescer juntas e amadurecer em relação a cada uma.

A segunda condição para assegurar a eficácia do trabalho inclusivo é estar pronto para *acolher a diversidade*. As turmas que se saem bem nesse quesito são guiadas por professores abertos às diferenças individuais, prontos a reconhecer as necessidades pessoais dos indivíduos, capazes de interpretar de forma correta as linguagens verbais e não verbais, as atitudes e as potencialidades dos próprios alunos, de todos os alunos. Acolher a diversidade significa estar disposto, a todo momento, a modificar o plano didático programado de forma preliminar para adequá-lo às exigências dos indivíduos, reconhecendo como valor-base do próprio agir educativo a pessoa e, com isso, o evento educativo fundamental que é o encontro com o outro ser humano, com o outro de si, reconhecendo nele o valor máximo. É necessário, então, vivenciar no cotidiano aquilo que Rosmini claramente afirmava quando dizia que "o homem não tem direito, e sim é o direito", alegação magnífica que indica uma via de condução da experiência humana direcionada a corroborar o trabalho educacional, por meio do qual se torna um dever moral – com a consciência e a obrigação para o educador e o professor – tornar-se pelos alunos, por todos os alunos, uma "bênção", e não um problema.

Em terceiro lugar, constatamos o quanto é importante estarmos *abertos às contribuições externas*. Uma escola inclusiva se abre para o território, entende que a vida real deve ser uma referência constante para as escolhas políticas, tem consciência da enorme importância de apresentar aos alunos atividades e tarefas significativas, carregadas de senso, capazes de dar esperança e confiança e de projetar sobre horizontes amplos e relevantes. Ter conhecimento disso significa dar à proposta formativa uma natureza sólida, válida, ancorada na vida e merecedora de esforço pessoal e comunitário. Os jovens necessitam compreender as razões do esforço na escola, não é mais possível se limitar a lhes comunicar que o esforço pessoal terá consequências no futuro profissional: eles sabem muito bem que isso, nos dias de hoje, não acontece mais porque os tempos mudaram, percebem as dificuldades que nossa sociedade vive no quesito oferta ocupacional, sabem bem que emprego, para muitas famílias, representa infelizmente uma ilusão quase inalcançável. A abertura às contribuições externas é necessária para comunicar aos alunos que os esforços escolares pedidos são úteis na vida, são indispensáveis para adaptar-se a uma realidade complexa, são importantes porque lhes permitem se fortalecer e enfrentar melhor o mundo. E isso não tem sentido apenas em relação à proposta formativa, abrange também o trabalho do docente e sua formação profissional, que deve ser atentamente alimentada com a ajuda de especialistas que possam guiar e ajudar os professores a entenderem os fenômenos complexos que acontecem na escola e agirem e tomar medidas na sala, com alunos cada vez mais difíceis, de forma oportuna, eficaz e construtiva. O pedagogo, o psicólogo da educação, o psiquiatra infantil podem ser de enorme apoio tanto no plano formativo direto, com cursos de formação ou consultas específicas, quanto no indireto, com um trabalho unitário escola-serviços que é elaborado e conduzido sabiamente, em relação aos papéis e às tarefas. A capacidade dos docentes de compreender como agir e trabalhar com os especialistas é decisiva: as melhores experiências colaborativas acontecem apenas nas equipes em que o professor fornece a própria contribuição pedagógica no trabalho unitário com os especialistas, colocando-se como interlocutor privilegiado, pois é um profundo conhecedor do aluno em questão da relação, da situação e da ação. O docente precisa dos especialistas, eles precisam dos docentes: não há uma subalternidade, não há concessão a supostas superioridades.

3 | A diferenciação didática

Última condição para assegurar a eficácia do trabalho inclusivo é *o trabalho em equipe*. Os resultados positivos na escola acontecem apenas onde os professores conseguem cooperar, planejando e agindo de modo unitário. As dificuldades que se vivenciam em sala de aula estão tão acentuadas que é completamente ilusório combatê-las sem um confronto com os colegas que permita alcançar decisões compartilhadas; os próprios jovens percebem quando as relações entre seus professores são limitadas, insignificantes ou conflituais. Eles, de fato, sabem reconhecer quando uma equipe tem diálogo, quando os professores se gostam e compartilham as decisões nos processos educativos necessários para conduzir uma experiência formativa e construtiva de verdade. O diretor da escola, garantidor supremo do bom andamento escolar, deve prestar muita atenção no problema da relação entre os docentes, deve pedir-lhes que tomem consciência do valor de uma proposta educativo-didática unitária feita pela escola e não por cada um dos docentes. A complexidade no interior da vida em sala de aula pode se tornar um trunfo se todo o corpo docente, toda a equipe de professores, o conselho de classe conseguirem formar "um só corpo", capaz de propor aos alunos uma plataforma educacional compartilhada, de produzir didáticas unitárias, regras comportamentais válidas para todos os professores, projetos curriculares baseados nas competências aprovadas por todos e colocadas em ação de forma transversal por cada docente envolvido com o trabalho na sala de aula. É desestimulante, pois indica a escassez de profissionalismo, constatar que os problemas surgem especialmente em realidades escolares em que existem problemas sérios de relacionamento entre os docentes e, às vezes, entre professores e gestores. Atualmente, uma instituição formativa não pode mais funcionar se os seus componentes essenciais, os professores, não conseguem trabalhar juntos, programar e agir em unidade.

É disso que deriva a necessidade de as competências pedagógicas especiais serem mais difusas e se tornarem patrimônios efetivos dos docentes, de todos os professores; de fato, em todo nível escolar, podemos perceber a presença de alunos com deficiência ou com necessidades particulares relacionadas a problemas pessoais e sociais e, então, é indispensável que esses sujeitos consigam encontrar nos professores curriculares uma capacidade efetiva de utilizar conhecimento, habilidade e capacidade pessoal, social e metodológica. Nenhum professor na Itália pode alegar que o problema não lhe diz respeito: da escola infantil à universidade, há crianças com deficiência e com problemas, jovens com déficits entram nas nossas salas, pessoas com distúrbios particulares se sentam nos nossos bancos e é imperioso propor percursos formativos idôneos e colocar em ação estratégias didáticas inclusivas direcionadas a garantir, por meio do cuidado, o sucesso formativo de cada um e o bem-estar sociorrelacional de todos.

A diferenciação como resposta

Confirmamos que o conceito de diferenciação didática está na base do processo inclusivo da escola, ainda mais quando há um aluno com deficiência no interior da turma: se um docente deseja ajudá-lo de verdade, ser autenticamente *ensinador*, logo, deixar uma *marca*, ele projeta um percurso diferenciado específico, mas ligado ao percurso da turma, adequa-se para conhecer as habilidades do estudante, esforça-se para compreender suas potencialidades, adota métodos e procedimentos destinados a encontrar suas exigências especiais.

Na verdade, a inclusão em sala não acontece tirando o aluno com deficiência, nem mesmo quando ele está acompanhado do professor de apoio que propõe atividades individualizadas enquanto os outros colegas da turma exercem outras. Não se alcança quando o sujeito com déficit fica simplesmente presente por longas horas dentro da escola sem nunca ser levado em consideração pelos próprios professores, nem quando é inserido em atividades que não foram programadas para seu nível de aprendizagem, e sim para o nível geral da sala. É um pretexto apoiar a retirada do aluno de sala para que ele possa aprender e consolidar melhor o que foi apresentado previamente a todos da sala, ignorando um princípio pedagógico já

3 | A diferenciação didática

incontestável: o aprendizado significativo acontece quando a proposta didática é preparada de modo adequado e prévio, oferecendo ao aluno com dificuldade oportunidades precursoras que lhe permitam confrontar antes os passos nodais da construção dos aprendizados.

Pelo contrário, a inclusão se realiza quando um aluno aceita de boa vontade fazer uma determinada tarefa idealizada sob medida para ele, já que todos, naquele momento, estão exercendo tarefas diversas; ou todas as vezes em que é chamado para dar sua contribuição em um pequeno grupo de trabalho, quando há um clima na turma sereno onde ele se sente realmente respeitado e considerado, como todos os colegas.

O dia 8 de outubro de 2010 marca o início de algo muito importante na escola italiana: é publicada a Lei n. 170 "Novas normas para os transtornos específicos de aprendizagem no ambiente escolar". Apenas recentemente foi completamente compreendido o grande impacto disso na didática. Com essa norma, de fato, o aluno com TEAp pode receber ajuda para enfrentar a experiência escolar por meio da predisposição de um ambiente educacional em que suas necessidades específicas são atendidas, graças à adoção de provas compensatórias e isentas que lhe permitem adquirir, por meio de percursos didáticos alternativos, metas inalcançáveis de outra forma. Em todas as escolas da Itália, em todo nível, notamos um aumento bastante forte nas declarações de transtornos específicos de aprendizagem, o que provocou uma grande mudança na abordagem didática dos nossos docentes: perceberam que na sala de aula não apenas devem elaborar um plano didático individualizado para o sujeito com deficiência, como também prosseguir num plano personalizado para os alunos com TEAp. A proliferação de declarações por causa da Lei 170 fez emergir claramente a necessidade de modificar a elaboração didática tradicional para poder promover melhores processos de crescimento. O fato de que, com a declaração de TEAp, não seja prevista a presença de um professor de apoio lançou finalmente luz sobre um dado que escapava a muitos: os alunos em sala são diferentes. Todos os professores são obrigados, então, a "ler" uma realidade que a prática didática da nossa escola opacificava: se os jovens são diferentes, de fato, é necessário tratá-los de forma a satisfazer suas necessidades particulares, e não se dirigir a eles como se fossem pessoas iguais, com as mesmas motivações, os mesmos interesses e com as mesmas potencialidades. Todo professor preparado profissionalmente e consciente do próprio trabalho, hoje em dia, sabe que uma turma é muito multifacetada e composta de pessoas com peculiaridades próprias, reconhece que isso já é a realidade e age então adotando métodos e estratégias educativo-didáticas alinhados com as necessidades dos alunos.

Mais recentemente, outra norma deu um novo impulso à ideia de que se deve respeitar em sala as exigências específicas de todos: estamos falando da Diretriz do Miur do dia 27 de dezembro de 2012 *Strumenti di intervento per alunni con bisogni educativi speciale e organizzazione territoriale per l'inclusione scolastica* [Instrumentos de intervenção para os alunos com necessidades especiais e organização territorial para a inclusão escolar]. Nesse documento ministerial, afirma-se que:

> A área do prejuízo escolar é muito mais ampla do que a referente explicitamente à presença de déficit. Em toda turma existem alunos que apresentam uma demanda de atenção especial por uma variedade de razões: desvantagem social e cultural, transtornos específicos de aprendizagem e/ou transtornos evolutivos específicos, dificuldades derivadas da falta de conhecimento da cultura e da língua italiana porque pertencem a culturas diferentes. No variado panorama das nossas escolas, a complexidade das turmas se torna cada vez mais evidente. Esta área de desvantagem escolar, que inclui problemas diversos, é indicada como área de Necessidades Educativas Especiais (em outros países europeus: *Special Educational Needs*). Ela compreende três grandes subcategorias: deficiência, transtornos evolutivos específicos e desvantagem socioeconômica, linguística e cultural.

3 | A diferenciação didática

Evidenciamos que não existe, como se deduz, nenhuma síndrome especial nominada "NEE", e sim uma área de Necessidades Educativas Especiais, um acrônimo "guarda-chuva" que pode abranger três categorias de alunos: os com déficit, comprovado de acordo com as normas da Lei 104 de 1992, os indivíduos com transtornos evolutivos específicos, comprovados pela Lei 170 de 2010 e os alunos que, em algum momento, podem apresentar, mesmo temporariamente, problemas pessoais importantes de ordem socioeconômica, linguística, cultural e que demandam projetos educacionais personalizados. Essa ênfase é bastante oportuna, pois é notável como em toda a Itália há especialistas, psicólogos, neuropsiquiatras que "comprovam" situações pessoais, estados individuais particulares da NEE que não existem. Aqueles que podem eventualmente decidir se um aluno vive uma situação de vida problemática e deve ser financiado por um programa personalizado são, antes de tudo, os professores. Tudo isso lança luz mais uma vez sobre o fato de que, em sala de aula, todos os alunos presentes devem receber atenção porque, como os docentes podem testemunhar, no grupo se encontram convivendo estudantes que apresentam especificidades próprias, peculiaridades evidentes, características que necessitam de conhecimento e respeito para uma intervenção educativa que deseje ser significativa.

Os métodos de ensino comuns não funcionam mais

Contudo, o maior problema é como responder às diversas necessidades individuais dos alunos presentes em sala. É essa pergunta que fazem de forma insistente os docentes que de repente se dão conta de que seus métodos antigos de ensino não funcionam mais porque são destinados a favorecer processos de crescimento cultural e social predispostos por uma única entidade hipotética: a turma.

Por tradição, o trabalho do professor não é destinado a atender às necessidades dos alunos, e sim de um potencial plano didático que uma vez representou o verdadeiro totem intocável da escola italiana: o programa de estudo ministerial, marcado em sequências de objetivos que os alunos deveriam alcançar, foi superado pela "lógica do currículo", e graças a isso a escola entendeu que, a nível central, ele só pode oferecer indicações nacionais gerais, mas, depois, quem tem a responsabilidade direta da proposta formativa são os professores que todo dia se encontram com seus alunos em sala. Todavia, essa inovação encontra dificuldade para inserir-se na prática didática, pois muitos docentes estão ancorados, fixados e presos com força numa abordagem educativo-didática tradicional que prevê de modo genérico uma única proposta formativa direcionada a todos os jovens presentes na sala, independentemente das exigências de cada um. Com tal visão, atividades em turma são programadas com base no pressuposto que todos têm um nível de preparação similar, uma capacidade de atenção comum, um estilo de aprendizagem único, uma motivação uniforme.

Nessa prospectiva didática tradicional, as características das pessoas não são levadas em consideração, as peculiaridades não são objetos de interesse, e a proposta didática é transversalmente destinada a todos. Com a presença de sujeitos com deficiência, com a "novidade" dos alunos com TEAp e a normativa do NEE, os professores mais perceptivos e sensíveis entenderam que devem propor atividades em sala que possam atender às exigências desses alunos, reconhecendo de verdade ser fundamental abordar de modo diverso o fazer escola. Porém, a sensação é de que a maior parte dos docentes "resolveu" o problema da oferta de algo mais adequado aos alunos com maiores dificuldades em seguir a programação imposta para toda a turma diminuindo a complexidade da exigência formativa, com objetivos mais facilmente alcançáveis e atividades menos complexas de serem realizadas. Desse modo, presume-se que os jovens com dificuldade possam aumentar sua bagagem cultural e lentamente reduzir as distâncias entre sua preparação e a dos colegas. No entanto, esses professores se deram conta de que existe também o problema dos indivíduos que conseguem concluir com rapidez a tarefa e ficam sem fazer nada, esperando que o resto do grupo termine a atividade, e pensaram em empregar esses longos períodos inativos com atividades adicionais e tarefas suplementares para mantê-los ativos, ocupados e afastados do ócio.

Estamos convictos de que esse não é o caminho mais oportuno: baixar o nível da proposta formativa e reduzir os conteúdos para os

3 | A diferenciação didática

menos hábeis e, ao mesmo tempo, oferecer mais tarefas e atividades aos alunos mais capazes significa deixar de satisfazer as justas demandas de atenção de cada pessoa. Há um grave risco de encontrar no fim do ano jovens desiludidos e insatisfeitos com a escola: no primeiro caso, porque foram obrigados a suportar programas alternativos de baixo nível claramente destinados a eles como alunos "incapazes"; no segundo, porque foram obrigados a se exercitar com tarefas adicionais sem finalidades significativas e finalizadas apenas para preencher os "vazios" educativos e formativos de uma proposta didática decepcionante e inadequada às potencialidades à disposição.

A solução que parece evidente, com base também nas experiências feitas nestes anos e nas pesquisas realizadas, é, a nosso ver, a diferenciação didática.

A intenção inicial da diferenciação

Inicialmente, quem chamou a atenção de todo o mundo escolar e científico para a necessidade da diferenciação didática foi Carol Ann Tomlinson com seu livro de 1999: *The Differentiated classroom*: *Responding to the needs of all learners* [Turma diferenciada: Respostas às necessidades de todos os estudantes]. Logo, não faz muitos anos desde quando começou a teorizar a necessidade de abordar a didática escolar de modo diverso, tendo presentes as necessidades específicas e peculiares de cada aluno da turma.

Tomlinson considera necessário adotar o modelo de diferenciação em um mundo em contínua transformação, abordado num clima social e cultural baseado na resposta às necessidades individuais de cada um. Os jovens vivem uma realidade cotidiana que lhes demanda escolher aquilo que, para eles, naquele momento, é mais prazeroso e responde melhor aos seus interesses: a internet os acostuma a selecionar depressa, e a navegação contínua lhes permite satisfazer as próprias necessidades sem esforço e em pouco tempo; o universo da rede oferece possibilidades infinitas e os nossos alunos não têm problema em se inserirem nesse mundo de oportunidades, escolhendo e usando as informações e notícias que conseguem obter. Os jovens usufruem com facilidade dos sites capazes de fornecer música, filmes, notícias, blogues culturais, a todo momento e em todo lugar. Um *smartphone* permite a cada um de nós, mesmo no metrô, no trem, acessar conteúdos diferentes sem esforço. O mundo das redes sociais, então, oferece a todos a sensação de estarem inseridos numa realidade social que com frequência satisfaz porque estimula uma reunião que, mesmo acontecendo de forma "virtual", é considerada "pública" por ser acessível a muitos, avaliável (por meio dos chamados "*likes*", "curtir"), expansível. Tudo isso fornece aos jovens a sensação de que as suas identidades amadurecem e se reforçam, visto que navegar significa escolher, e aquele que escolhe decide, e quem decide se sente uma pessoa capaz. A necessidade de competência é satisfeita, o que alimenta no sujeito a sensação de ser "grande" e de ter "personalidade". Tomlinson (2012) salienta de forma oportuna que "todavia, na escola, ensinamos como se a diversidade deles na disponibilidade, nos interesses individuais e nas abordagens particulares ao ensino não tivesse nenhuma consequência" (p. 31) e afirma que devemos mudar de abordagem, que é necessário os professores modificarem sua ideia tradicional de ensino para adotar a abordagem da diferenciação didática. Sobretudo, é necessário o docente conseguir modificar melhor seu modo de "fazer escola" diferenciando três âmbitos:

1. conteúdo;
2. processo;
3. produto.

Em primeiro lugar, é essencial *diferenciar o conteúdo* que o aluno deve aprender, aquilo que no fim das atividades deverá lembrar e padronizar de forma qualificada (correta) e significativa. Podem entrar nesse âmbito os conhecimentos inclusos no nosso projeto curricular, mas também as habilidades úteis na aquisição completa das competências.

Diferenciar conteúdos e habilidades a adquirir, em alguns casos, é uma necessidade. Por exemplo, a presença de aluno com deficiência ou problemas que exigem um plano didático indivi-

3 | A diferenciação didática

dualizado ou personalizado, mas pode ser uma prática válida para todos; enquanto o professor pode decidir modular as atividades escolhendo, por exemplo, a comunicação escrita, a forma oral, a modalidade icônica, a linguagem não verbal, os instrumentos informáticos e outros.

Em segundo lugar, é muito importante conseguir *diferenciar o processo* do qual o professor se predispõe para garantir que seus alunos possam construir os próprios saberes. É a fase mais estritamente ligada à didática e se refere ao que o docente coloca em ação para promover nos estudantes o ensino, às atividades que pensa poderem ser úteis para adquirir conhecimento e amadurecer habilidades, às fases e momentos significativos de que se predispõe para acompanhar melhor o sujeito em seu esforço de aprender. O processo de ensino que o professor elabora de antemão para os próprios jovens pode ser idêntico para toda a turma ou diferenciado para todos. É bastante importante nisso, para Tomlinson, o conhecimento aprofundado das características individuais do aluno, sendo elas encarregadas de fornecer ligações operativas necessárias para estruturar os planos de ação de processo lançados com base nas exigências das pessoas.

Em terceiro lugar, deve-se *diferenciar o produto* esperado. Nos últimos anos, fala-se também na Itália da *tarefa autêntica,* da sua importância para os fins educativos, didáticos e motivacionais. Como afirma Castoldi (2012): "Podemos definir as tarefas autênticas como problemas complexos e abertos oferecidos aos estudantes como meio de demonstrar o padrão num certo âmbito de competência" (p. 190). Finalmente foi entendido que as avaliações à queima-roupa, aquelas feitas em conformidade com uma tradição escolar obsoleta, as promovidas apenas para encorajar de forma indireta o estudo com o espectro da nota baixa, ajudam quase nada. O que conta mesmo é que o aluno mostre com um trabalho final saber ativar "estratégias cognitivas e socioemotivas elevadas, por meio do esforço ativo e pessoal do próprio saber em atividades significativas e esforçadas" (Castoldi, 2012, p. 190). Quando consegue realizar isso, o aluno contemporaneamente demonstra, primeiro a si mesmo, depois aos outros, que é capaz de efetuar e realizar alguma coisa muito importante, alimentando a própria autoestima e vendo-se capaz de colocar em ação habilidades que talvez antes achasse que não tivesse.

> Um produto não é algo que os estudantes produzem após apenas uma lição ou como resultado de uma ou duas atividades; melhor, é uma avaliação final rica em que se pede aos estudantes que apliquem e redijam o que aprenderam ao longo de um período de tempo (Castoldi, 2012, p. 189).

Tudo isso corresponde às verdadeiras necessidades de uma escola que deseja colocar-se a serviço das demandas dos próprios alunos; por isso, numa turma onde os professores agem adotando a diferenciação didática, podem existir simultaneamente mais "produtos" apresentados, mais projetos realizados seguindo os diversos percursos didáticos alinhados com as exigências e os interesses de cada estudante.

Como podemos notar, Tomlinson baseia seu modelo de diferenciação sobre o conhecimento aprofundado dos alunos. Pode-se diferenciar apenas caso sejam conhecidas as características, as peculiaridades, as potencialidades, as capacidades, a bagagem pessoal dos nossos meninos e meninas. A autora prefere falar de preparação, de interesses, de perfil de aprendizagem que cada docente deveria o mais rápido possível definir para poder apresentar de forma oportuna o ensino com base nas exigências reais dos indivíduos presente na turma. Para um professor é um dever conhecer os próprios alunos, mas o termo "conhecer" é bastante vasto e, de vez em quando, diante de coisas grandes, corre o risco de ser vago, de não levar em consideração os detalhes específicos. Todos afirmam que é indispensável conhecer os próprios alunos, mas para diferenciar em sala a proposta formativa é imprescindível, para Tomlinson, compreender depressa, em primeiro lugar, se o aluno está pronto para enfrentar os conhecimentos que pensamos em propor-lhe. O problema não é se é mais ou menos oportuno escolher um determinado conhecimento, um conteúdo, uma noção, um saber: tudo pode ser útil para a vida da pessoa e tudo pode adentrar num quadro de programação for-

3 | A diferenciação didática

mativa da turma, mas o que é absolutamente imperioso é entender se esse determinado saber pode ser adquirido pelos alunos. Luigi está pronto para saltar com vara a um metro e meio? Adquiriu previamente as habilidades para poder efetuar os movimentos certos necessários para ultrapassar o limite de altura hipotético? Relembrando Vigotski, a meta programada é a "praia" do menino? Pode adentrar na sua zona proximal? Esse pilar pedagógico sempre foi levado em consideração pela didática especial; de fato, quando se trabalha com as pessoas com deficiência é natural pensar antes se a proposta formativa que se deseja apresentar está adaptada, adequada, é viável e capaz de estimular os mecanismos interiores presentes no sujeito, mas que não são sempre fáceis de ativar.

Além de conhecer a preparação, ou seja, a possibilidade real de o aluno adquirir realmente o que está previsto no programa da turma, é muito importante que o professor entenda se a proposta formativa vai ao encontro das motivações dos estudantes, com suas curiosidades, atenções e interesses. Saber, por exemplo, como empregam o tempo livre, quais esportes praticam, se são pessoas ativas ou sedentárias, curiosas ou indiferentes, se são espontaneamente levados por um trabalho comunitário ou individual, se preferem um trabalho em dupla em vez de em pequenos grupos, se são acompanhados pela família ou não, se são independentes ou precisam seguir um líder etc.; tudo isso é extremamente importante para ancorar a experiência escolar na vida.

Enfim, para Tomlinson, é necessário entender o perfil pessoal de aprendizagem dos nossos alunos. Em particular, o estilo de aprendizado, ou seja, como eles preferem trabalhar para alcançar os melhores resultados, se se esforçam na maior parte do trabalho sozinhos ou se alcançam metas mais elevadas em pequenos grupos, se preferem escutar e seguir as indicações orais do professor ou as escritas, se as imagens são fundamentais para sua atenção ou não, se sua necessidade motora é considerável ou escassa.

É então muito importante compreender bem as características das inteligências dos nossos jovens. Seguindo a teoria das múltiplas inteligências de Gardner, é necessário considerar a inteligência linguística, a lógico-matemática, a musical, a inteligência espacial, a corporal-cinestésica, a naturalista, a interpessoal, a intrapessoal e, por fim, a inteligência existencial. Se conseguirmos entender como os alunos funcionam melhor, quais são suas peculiaridades específicas, poderemos moldar nossa proposta formativa modelando-a com as características das diversas inteligências para permitir que todos aprendam melhor.

Tudo isso é descrito por Carol Tomlinson com um mapa conceitual (Figura 3.1) extremamente claro.

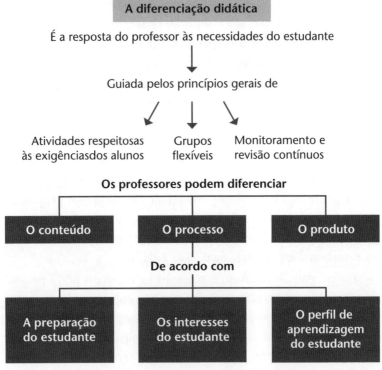

Fig. 3.1 Mapa conceitual para a diferenciação didática (Tomlinson, 1999).

Esse mapa mostra os pilares teóricos e metodológicos da diferenciação didática, a qual se caracteriza como resposta do professor às demandas dos estudantes: em cima dos interesses, temos os educandos, as pessoas a quem a sociedade confia à escola para

3 | A diferenciação didática

sua educação e seu crescimento, crianças, adolescentes, jovens que merecem encontrar docentes capazes de compreender suas necessidades, de valorizá-los em suas peculiaridades, de entendê-los. Para satisfazer essas necessidades pessoais, deve-se considerar, na ação educativa e didática, alguns princípios que fundamentam a diferenciação: as atividades didáticas devem respeitar as exigências dos alunos, ser planejadas para irem ao encontro das especificidades próprias de cada um; o trabalho didático se constrói e se baseia na dimensão social por meio da participação comunitária e da ajuda recíproca; o trabalho se subdivide num grupo flexível constituído com base nas necessidades; o monitoramento contínuo da experiência didática permite compreender se as atividades efetivamente atendem às necessidades dos alunos e permite corrigir e revisar a proposta formativa para adaptá-la e calibrá-la oportunamente.

O professor que assume esses princípios toma conhecimento de que é possível diferenciar sua proposta didática nos conteúdos que apresenta trabalhando escolhas das quais é o diretor, não um mero executor de programas escritos por outros ou extraídos de livros didáticos, nos processos idealizados para a obtenção dos conhecimentos, das habilidades e das competências, nas passagens nodais ligadas ao aprendizado, nas sequências úteis para dar ordem, ritmo e fluidez à construção do saber, e na prova final, de fato, deve-se prever uma diferenciação do produto desejado, da tarefa autêntica a realizar.

Toda casa precisa ser construída sobre bases sólidas, e a nossa morada diferenciada não pode ignorar isso. Os três pilares didáticos relativos à diferenciação dos conteúdos, dos processos e dos produtos devem se ancorar, porém, no terreno constituído pelas peculiaridades dos nossos alunos que devem ser pelos professores reconhecidas e acolhidas, transformadas em oportunidade. Na verdade, é indispensável entender se nossos alunos estão prontos para lidar com a nossa proposta formativa, se estão disponíveis para esforçar-se na obtenção das metas almejadas; além disso, é fundamental conhecer seus interesses a fim de sempre adequar melhor as atividades projetadas para suas exigências e, por fim, conhecer seus perfis de aprendizagem, seus modos de compreender as coisas, de assimilar, de lembrar.

4
Os pontos de referência científicos

Como vimos nos capítulos anteriores, para Carol Ann Tomlinson, a "diferenciação" é uma resposta dos professores às necessidades dos alunos presentes em sala guiada pelos seguintes princípios gerais: exercícios respeitosos, grupos flexíveis, avaliações, ajustes contínuos. Amparados por esses convencimentos, é possível diferenciar em sala conteúdos, processos e produtos formativos, levando em consideração a preparação dos alunos, seus interesses e seus perfis de aprendizagem. A abordagem diferenciada na didática é baseada sobre a compreensão das exigências verdadeiras do aluno: é de fato necessário entender as especificidades das pessoas presentes em sala para promover em todos um alto nível de motivação. Mas quais são os pontos de referência científicos que sustentam o modelo da diferenciação didática?

A teoria da zona de desenvolvimento proximal

Esse modelo segue a essência das teorias de Vigotski, e, em particular, a teoria da zona de desenvolvimento proximal:

> A zona de desenvolvimento proximal define as funções que não são ainda maduras, mas que estão em processo de amadurecimento, funções que amadurecerão no futuro, porém, no momento, estão em um estado embrionário. O nível efetivo de desenvolvimento caracteriza o desenvolvimento mental retrospectivamente, enquanto a zona de desenvolvimento proximal caracteriza prospectivamente o desenvolvimento mental. [Essa é] a distância entre o nível de desenvolvimento efetivo como determinado pelos problemas independentes e o nível de desenvolvimento potencial determi-

4 | Os pontos de referência científicos

nado por meio de *problem solving* sob a orientação de adultos ou em colaboração com outros mais capazes (Vigotski, 1934/1954, p. 86).

Na diferenciação didática, tudo isso fica sob a base do processo de ensino e aprendizagem, pois a proposta formativa não pode ser separada da capacidade e da vontade do aluno de esforçar-se para aprender. A atividade proposta em aula deve se inserir em uma zona de desenvolvimento proximal em que os alunos possam atuar e enfrentar o aprendizado com o conhecimento que têm à disposição e os recursos para conseguir alcançar a meta. Na prática, cada um dos alunos deve estar "pronto" para lidar bem com o esforço proposto, porque ele pressupõe conhecimentos, habilidades e, logo, competências já ao seu dispor, e, então, para encorajar, integrar e completar.

A teoria das inteligências múltiplas

No modelo de diferenciação de Tomlinson, é, portanto, fundamental a contribuição da teoria das inteligências múltiplas de Howard Gardner. Segundo Gardner (1983/1987),

> no crescimento humano, há uma plasticidade e flexibilidade considerável, sobretudo nos primeiros meses de vida. Todavia, até essa plasticidade é modulada por fortes restrições genéticas que agem desde o início e orientam o desenvolvimento em algumas diretrizes mais do que em outras (p. 52).

Realmente, cada pessoa se desenvolve no mundo com base nos seus ritmos de crescimento, nos "períodos críticos" e nas próprias peculiaridades. Da neurociência, é possível extrair princípios científicos importantes que podem orientar as reflexões sobre o ser humano e seu desenvolvimento também educativo; em particular, Gardner coloca em evidência:

- A *canalização*: cada organismo vivo segue linhas de amadurecimento determinadas.
- A *predisposição*: o comportamento de cada organismo vivo que passa através de vias de desenvolvimento determinadas.

- A *plasticidade*: a capacidade de cada organismo vivo de adaptar-se e modificar-se com base nas exigências pessoais e ambientais. No ser humano, em particular, a plasticidade do sistema nervoso central está no máximo das suas potencialidades nos primeiros períodos de desenvolvimento.

Além disso, Gardner considera que são fundamentais os períodos críticos do crescimento do ser humano. Ele tem convicção de que, no início de seu desenvolvimento, o sistema nervoso produz uma superabundância de fibras neuronais; após esse "brotamento", verifica-se um desbaste, uma redução celular causada pela morte seletiva das células em excesso. Essa poda natural coincide com os períodos críticos: "O período crítico termina ao que parece quando o processo de eliminação das sinapses progrediu até o ponto em que apenas poucas sinapses ainda são capazes de uma interação competitiva" (Gardner, 1983/1987, p. 65). Daqui, o conceito de maturidade como o "tempo em que as células em excesso são eliminadas, e em que as conexões predispostas na origem são efetuadas" (Gardner, 1983/1987, p. 65).

No cérebro, ele distingue dois níveis:

- O *nível molecular*, composto por colunas ou módulos de células nervosas, entidades anatômicas separadas distinguíveis no córtex que originam funções independentes.

- O *nível molar*, onde se identifica áreas maiores na zona cortical, grandes demais como os hemisférios, os vários lobos, a serviço de funções humanas mais complexas.

Gardner considera que o cérebro é subdividido em regiões específicas, cada uma agindo de um modo autônomo, porém capaz de cooperar na execução de uma determinada tarefa com outras regiões, embora não exista um sistema central de controle. Cada sistema tem seu percurso de crescimento e seus períodos críticos e se desenvolve de acordo com uma velocidade própria e de modos diferentes.

A tese das inteligências múltiplas tem origem nessas considerações; da concepção de que o cérebro é segmentado em módulos específicos independentes, Gardner extrai a ideia de que não existe uma só inteligência, e sim diversas: linguística, musical, lógico-matemática, espacial, corporal-cinestésica, interpessoal... Cada inteligência fun-

4 | Os pontos de referência científicos   75

ciona de forma autônoma, pois representa um sistema independente. Todas as inteligências devem ser vistas como um "conjunto de procedimentos de *know-how* para fazer coisas" (Gardner, 1983/1987, p. 88) e não de *know-that*. Esses estão potencialmente ao dispor da pessoa e são usados com base nas demandas da vida. Gardner os concebe como conhecimentos de como realizar as coisas, as operações, os processos. Nessa visão de inteligência, ele confia um papel importante aos símbolos, os quais, sendo entidades que podem denotar qualquer conceito ou entes sem presumir-se a presença, transmitem significados. Eles fazem parte das predisposições humanas e são os meios indispensáveis para veicular os conhecimentos e para socializar.

> O problema aqui consiste não tanto na técnica de avaliação por meio de testes quanto no modo em que pensamos habitualmente no intelecto e nas nossas opiniões antigas sobre a inteligência. Apenas se ampliarmos e reformularmos nossas opiniões sobre o que se entende por intelecto humano, seremos capazes de elaborar modos mais apropriados para estimulá-lo e modos mais eficazes para educá-lo. No mundo todo, muitos estudiosos de pedagogia estão chegando a conclusões similares (Gardner, 1983/1987, p. 24).

Gardner está convicto de que a espécie humana é caracterizada pela posse de um conjunto de inteligências relativamente autônomas. Cada indivíduo dispõe de todas as inteligências, mas se diferencia dos outros pelo perfil intelectual que, em virtude da influência genética e experiencial, apresenta áreas de forças e áreas de fraqueza. Nenhuma inteligência é por si só artística ou não artística; em vez disso, se o indivíduo o deseja, múltiplas inteligências podem ser finalizadas na obtenção de objetivos estéticos.

As aplicações educativas não derivam, portanto, diretamente da teoria psicológica das inteligências múltiplas, mas a elaboração de um sistema educativo precisa levar em consideração o fato de que os indivíduos têm perfis intelectuais diferenciados[17].

---

17. Gardner, H. (2003, 21 de abril). *La teoria dele intelligenze multiple a distanza di vent'anni* [Intervenção]. Congresso American Educational Research Association, Chicago, IL, Estados Unidos.

A teoria triárquica da inteligência

Além das teses de Gardner, Tomlinson baseia seu modelo de diferenciação didática em outras duas prospectivas conceituais e culturais consideradas idôneas: a teoria de Robert Sternberg (1998) com a notável teoria triárquica da inteligência e a teoria dos estilos de aprendizagem. Sternberg considera que existem três inteligências: a *analítica*, a *criativa* e a *prática* e que "não existe modo justo de ensinar ou aprender que funcione para todos os estudantes. Balanceando os gêneros de instrução e de avaliação, alcança-se todos os estudantes e não apenas alguns" (Sternberg & Spear-Swerling, 1996/1997). A inteligência analítica corresponde à capacidade de julgar, avaliar, desordenar, comparar e examinar os detalhes; a segunda inteligência, a criativa, é a capacidade de descobrir, produzir novidades, imaginar e intuir; a terceira, a prática, refere-se à organização e à habilidade de usar instrumentos, aplicá-los, atuar concretamente projetos e planos destinados a perseguir objetivos concretos.

> Esses três tipos de pensamento, juntos, são instrumentos importantes para os estudantes, seja dentro da sala ou fora. Os estudantes aprendem melhor se pensam de forma eficaz aquilo que estudam. Estudar e pensar não são dois processos e ações distintas, independentes. Melhor, se os estudantes pensam em como aprender, aprendem a pensar e aprendem também o que devem saber com eficácia muito maior do que quando apenas memorizam (Sternberg & Spear-Swerling, 2002).

Para o modelo de diferenciação didática é bastante tentadora então a seguinte ideia de Sternberg: "As diferentes situações demandam diferentes tipos de inteligência. Além disso, se os professores na escola consideram apenas um tipo de inteligência, seremos levados a subestimar realmente muitos estudantes" (Sternberg & Spear-Swerling, 1996/1997, p. 29).

A teoria dos quatro estilos de aprendizagem

A teoria de Silver *et al.* (2000) é considerada por Tomlinson porque é vista como muito interessante para compreender as razões

4 | Os pontos de referência científicos

da diferenciação didática. Para os estudiosos, existem basicamente quatro estilos de aprendizagem dos nossos alunos:

- *Estilo proficiente (perceptivo-reflexivo)*, caracterizado por uma sensibilidade para os detalhes, a atividade física, a adoção de ações. As pessoas com esse estilo têm uma forte inclinação para as lembranças, para as descrições, para a manipulação, para a ordem e são particularmente hábeis na organização, nas relações, nas construções, nos planejamentos e na realização de projetos.

- *Estilo compreensivo (intuitivo-reflexivo)*, caracterizado por uma sensibilidade acentuada pelas questões, ideias, ideais. Os estudantes que têm esse estilo são bastantes vezes levados pelas análises, conexões, provas avaliativas e particularmente hábeis na argumentação, no desenvolvimento de teses e teorias, na pesquisa de motivos e conexões.

- *Estilo autoexpressivo (intuitivo-sensível)*, caracterizado por uma disposição para a inovação, para a criatividade, para imaginações de possibilidades. Quem tem esse estilo tem uma inclinação para as previsões especulativas, para desenvolver visões, para gerar ideias e é muito hábil na idealização de soluções originais, no pensamento metafórico, na articulação de ideias, na expressão e realização delas.

- *Estilo interpessoal (sensível-imersivo)*, caracterizado por uma inclinação natural pelos sentimentos, relações, pelas experiências sociais, pela compressão das emoções de outros e das atitudes com o apoio moral aos outros, pela personalização das relações, expressão das emoções; aqueles que têm esse estilo são particularmente hábeis a construir contatos e relações caracterizados pela confiança, cuidado e empatia.

Logo, cada pessoa, cada aluno nosso tem um estilo próprio de aprendizagem: desse conhecimento, deriva a necessidade de compreender e entender o quanto antes suas peculiaridades.

As pesquisas sobre diferenciação

Nestes anos, diversas pesquisas foram conduzidas sobre a diferenciação didática, cujos resultados serviram de grande ajuda para entender o quanto esse modelo didático pode ser eficaz na satisfação das demandas e das metas de uma escola que deseja ser valorosa para os próprios alunos. Em particular, podemos mencionar as seguintes pesquisas:

- *How people learn: Brain, mind, experience, and school* [Como as pessoas aprendem: Cérebro, mente, experiência e escola] do National Research Council (2000);
- *Visible learning: A synthesis of over 800 meta-analyses relating to achievement* [Aprendizagem visível: Uma síntese de mais de 800 metanálises relacionadas ao desempenho] e *Visible Learning for teacher: Maximizing impact on learning* [Aprendizagem visível para professores: Como maximizar o impacto da aprendizagem] de John Hattie (2009, 2012);
- *What works in schools* [O que funciona nas escolas] de Robert Marzano (2003);
- *Wounded by school: Recapturing the joy in learning and standing up to old school culture* [Ferido pela escola: Reencontrando a alegria em aprender e enfrentando a cultura da velha escola] de Kristen Olson (2009);
- *The differentiated school: Making revolutionary changes in teaching and learning* [A escola diferenciada: Fazendo mudanças revolucionárias no ensino e na aprendizagem] de Carol Tomlinson, Kay Brimijoin e Lane Narvaez (2008).

Em *How people learn: Brain, mind, experience, and School*, evidencia-se bem claramente quais são as características que uma escola ou sala de aula deve ter. A primeira é a *centralidade dos estudantes*. Uma escola não pode funcionar com eficácia se não coloca no centro dos próprios interesses as exigências pessoais e sociais dos alunos, portanto deve-se conhecê-las e conseguir compreender depressa suas necessidades específicas e as potencia-

4 | Os pontos de referência científicos

lidades de cada um e de todos. A segunda característica que a pesquisa salienta é a *preocupação com o conhecimento*. Uma escola que trabalha bem age para incrementar o conhecimento dos próprios alunos, apresenta o problema de como favorecer uma aprendizagem correta, deseja que eles tenham, implementem e consolidem as habilidades consideradas indispensáveis, encoraja a fazer as ligações oportunas entre os aprendizados adquiridos, promove a capacidade de transferir o conhecimento para outros âmbitos, preocupa-se com os comportamentos que devem ser obtidos para alcançar a competência necessária. A terceira qualidade que uma escola eficaz deve ter é *a capacidade de considerar a avaliação como instrumento formativo* útil para endereçar e promover a aprendizagem, não para inibi-la. Enfim, a pesquisa foca a *comunidade de aprendizagem:* a escola que funciona tem consciência de que a sala de aula e a comunidade escolar não são variáveis insignificantes, que o contexto do aprendizado onde são promovidas as potencialidades dos alunos precisa ser comunitário e social, e requer um grande investimento para a construção do grupo.

Esses quatro princípios estão na base da diferenciação didática e dão essência ao modelo que se baseia no conhecimento dos alunos, na correta visão da avaliação, numa proposta formativa capaz de promover o aprendizado para todos e de permitir que ele aconteça num clima autenticamente colaborativo, tolerante e solidário.

Os estudos de John Hattie também são muito importantes para o modelo da diferenciação; em *Visible learning: A synthesis of over 800 meta-analyses relating to achievement*, em particular, são sintetizados 15 anos de pesquisas, 50 mil estudos e mais de 800 metanálises que envolveram complexamente milhões de alunos; trata-se sem mais do maior repertório de pesquisas baseadas em evidências sobre o que realmente se revela eficaz na escola para incrementar o aprendizado.

Hattie afirma que uma turma funcional sempre apresenta algumas evidências:

- As metas de aprendizagem são claras.
- Os *feedbacks* são frequentes.
- Os professores exprimem paixão pelas atividades propostas.
- Os alunos são respeitados e procurados pelo professor.
- A participação dos alunos é estimulada.

Bastante interessante, na pesquisa de Hattie, é a ligação plena e recorrente entre o esforço do professor no estímulo ao aprendizado e a capacidade do aluno de alimentar a própria vontade de aprender.

A paixão do docente o leva a compreender melhor seu ofício enquanto se esforça para ensinar de forma cada vez mais eficaz, estimulando nos alunos a consciência da importância de se automonitorar, de se autoavaliar e de se autocompreender.

Uma segunda modalidade didática que pesa positivamente na escola, caso seja usada de forma convicta pelos docentes, é a habilidade de intervir de modo oportuno e competente para endereçar e, por vezes, virar completamente o percurso tomado. Os alunos apreciam a orientação de um professor capaz, preparado profissionalmente, pronto a intervir para corrigi-los quando eles mesmos se dão conta de não estarem no caminho correto. A paixão pelo seu trabalho leva o docente a comunicar com espontaneidade, leveza e de forma construtiva erros eventuais dos alunos, a dar *feedbacks* claros e produtivos, a usar estratégias de ensino idôneas. É decisivo, e as experiências o demonstram, que os estudantes percebam a qualidade do ensino com o propósito de investirem no próprio aprendizado.

A pesquisa de Hattie confirma que o professor faz diferença: um docente capaz tem um impacto tão elevado no quesito da aprendizagem que seus alunos amadurecem bem cedo habilidades e competências, como se progredissem um ano a mais em relação àqueles que não têm à sua disposição um professor hábil.

Hattie alega que existem qualidades capazes de identificar um professor qualificado; elencamo-las a seguir:

4 | Os pontos de referência científicos

1. *Ser capaz de usar as modalidades melhores para apresentar o objeto de ensino.* O docente eficaz sabe organizar e apresentar melhor os conteúdos didáticos e as propostas de trabalho; sabe introduzir bem as atividades e consegue favorecer as conexões necessárias com os conhecimentos já em posse dos alunos e, principalmente, sabe adaptar a lição às exigências de cada estudante; padroniza uma bagagem ampla de estratégias didáticas e as usa para permitir aos alunos que aprendam e alcancem as metas previstas.

2. *Ser capaz de criar um ótimo clima em sala para o aprendizado.* O professor que faz diferença consegue estimular nos alunos as corretas, adequadas e oportunas modalidades relacionais e colaborativas úteis para abordar um trabalho de turma baseado no respeito recíproco, na atenção com o outro, no acolhimento das diversidades, na capacidade de resolver conflitos, na gestão de emoções, no autocontrole, no diálogo e na compreensão.

3. *Ser constante no monitoramento e na oferta de* feedback. O professor hábil tem consciência que com frequência uma atividade programada não produz os efeitos que estavam previstos; como resultado, ele está quase sempre em alerta para compreender as necessidades e intervir para ajudar os alunos a prosseguirem no caminho oportuno.

4. *Ter convicção de que todo aluno consegue alcançar a meta estabelecida.* O professor capaz tem confiança nas potencialidades dos seus estudantes, tem consciência de que a inteligência é flexível e de que todos podem incrementar a própria bagagem de conhecimento, de habilidade, de competência e sabe comunicar isso com paixão e atenção. Num estudo conduzido com mais de 3 mil professores, Hattie demonstrou que as turmas que alcançaram o maior número de resultados positivos foram as com um professor que apresentava uma grande propensão ao ensino e às necessidades de cada aluno.

5. *Ter consciência de que o próprio comportamento influenciará em grande parte os resultados dos alunos.* O professor qualificado sabe que tem uma responsabilidade grande; se os alunos aprendem ou não, e a qualidade de suas aquisições, dependerão de seu esforço e da sua competência. Além disso, as pesquisas de Hattie atribuem um grande valor à programação e à expressão de quatro aspectos críticos que o professor competente considera ao planejar seu trabalho:

- *as aquisições passadas*: o nível alcançado pelo estudante;
- *o aprendizado direcionado*: o nível de aprendizagem que se deseja alcançar;
- *a progressão*: a série sequencial de passos do início ao fim da atividade;
- *a colaboração do professor* ao favorecer o sucesso formativo.

Ele os considera aspectos críticos porque não é simplesmente programar bem e com constância: o trabalho do docente é sempre complicado e bastante delicado, o erro está atrás do ângulo, e a atenção no pensar e elaborar a ação educativa e didática deve estar sempre ao máximo.

Para uma elaboração ótima das atividades é indispensável partir dos níveis de conhecimento e habilidades alcançados pelos alunos. Caso se deseje oferecer uma proposta formativa de valor, deve-se, de fato, tomar o caminho do ponto de partida dos alunos, e é aqui que emerge a importância de entender onde eles se encontram, caso se deseje estimulá-los a alcançar metas importantes. É inútil e inoportuno obrigá-los a caminhar numa aventura formativa se não estão prontos a acolher o sentido, se não estão dispostos a aceitar tarefas e atividades. Mas essa disponibilidade se baseia exatamente nos níveis deles de partida, ninguém toma um caminho se o considera muito obscuro e difícil.

Muita energia e muita atenção devem ser postas em jogo para ter sempre o mapeamento da situação individual de cada aluno.

4 | Os pontos de referência científicos

O docente necessita saber como os estudantes aprendem, quais são seus estilos cognitivos e comunicativos. Os professores movidos pelo desejo de que todo aluno confiado a si alcance o máximo de nível de aprendizado possível põem muita atenção na relação educativa e empregam parte de seu tempo para interagir com todos, para entender com profundidade suas disposições, diferentemente do que acontece em geral na experiência escolar tradicional, onde se encontra uma grande ligação entre os resultados escassos no aprendizado e a ausência de intencionalidade educativa e presença do professor na relação com os alunos.

Quando se elabora uma atividade destinada a perseguir uma meta final é necessário considerar dois aspectos: em primeiro lugar, deve-se ter com clareza o que se deseja alcançar, o objetivo preciso do esforço programado, e, em segundo lugar, é indispensável fixar quando o objetivo será alcançado, o critério que determinará o sucesso dele. Esses dois aspectos são para esclarecer muito bem até os alunos; além disso, é interessante notar como emergem das pesquisas de Hattie tanto a importância de elaborar de forma sequencial e gradual os passos para a obtenção dos objetivos quanto a necessidade das unicidades de intenções muito vivas no interior da equipe, condição necessária para todo sucesso formativo nos contextos educativos difíceis.

Os resultados das pesquisas de Hattie (2012, p. 110) demonstram que é necessário considerar a diferenciação didática como prospectiva metodológica indispensável para ajudar todos os alunos a alcançarem as metas definidas para eles. Partir do ponto em que se encontram naquele momento, como sugere o autor, não basta: é necessário aplicar atividades didáticas capazes de tomarem caminhos de diversos pontos de partida, de diversos níveis de padronização, de diversas posições. O professor qualificado sabe que, para trabalhar ao máximo com todos os alunos, diferenciando a própria proposta didática e propondo estratégias idôneas, deve-se encontrar as respostas a uma série de perguntas:

- Este preciso aluno está pronto para alcançar um nível mais elevado de aprendizagem?
- Tem à disposição os conhecimentos indispensáveis para compreender as novidades previstas pela atividade?
- Quais são suas características pessoais?
- Quais estratégias didáticas são mais apropriadas para ele sustentar o esforço formativo?
- Consegue colaborar com seus colegas para refletir sobre as propostas formativas?
- Tem claramente presentes as fases necessárias para alcançar a meta prevista?

Hattie tem convicção de que a pesquisa, mesmo nesse caso, oferece resultados muito úteis, colocando em evidência a importância das seguintes estratégias:

- Propor materiais de forma verbal, visual e multimídia de modo a oferecer apresentações mais ricas.
- Delinear, integrar, esquematizar e sintetizar as informações para consentir uma aprendizagem melhor mais do que se limitar a reler o material apresentado.
- Usar as histórias e os contos.
- Ensinar como se autorregula os processos de aprendizagem.
- Prever sessões de estudo programadas e repetidas, não uma única sessão de aprendizado.
- Sugerir a compreensão de um conceito abstrato por meio de uma variedade de exemplos.
- Tolerar erros: falhar é com frequência necessário para aprender melhor.

Nesse propósito, é interessante a análise da tabela elaborada por Hattie sobre as estratégias que têm mais ou menos influência sobre os aprendizados na escola (Tabela 4.1).

4 | Os pontos de referência científicos

Tabela 4.1 – O nível de influência das estratégias sobre os aprendizados (Hattie, 2012)

Influência	Effect Size	Pontuação	Média
Faz repetir de ano	-0,13	148	Baixa
Controle do estudante sobre o aprendizado	0,04	144	Baixa
Programas de linguagens globais	0,06	140	Baixa
Conhecimento do material pelo professor	0,09	136	Baixa
Gêneros (rendimento dos masculinos comparado com os femininos)	0,12	133	Baixa
Reagrupamento por capacidade/*tracking*/*streaming***	0,12	131	Baixa
Harmonizar o próprio ensino com os estilos de aprendizagem dos estudantes	0,17	125	Baixa
Reagrupamento entreturmas	0,18	120	Baixa
Dimensões da turma	0,21	113	Baixa
Individualizar a instrução	0,22	109	Baixa
Usar simulações e jogos Expectativas do professor	0,33	86	Média
Recaída do desenvolvimento profissional sobre o rendimento dos estudantes	0,43	62	Média
Ambiente familiar	0,51	47	Média
Influência dos colegas	0,52	44	Média
Instrução fonética	0,53	41	Média
Fornecimento de exemplos executados	0,54	36	Média
Instrução direta	0,57	32	Média
Aprendizado cooperativo *versus* aprendizado individual	0,59	29	Média
Mapeamento dos conceitos	0,59	28	Média
Programas de compreensão	0,60	27	Alta
Programas de vocabulário	0,60	26	Alta
Aceleração (por exemplo, pular um ano)	0,67	17	Alta
Programas de estratégias metacognitivas	0,68	15	Alta
Relação professor-aluno	0,69	14	Alta
Ensino recíproco	0,72	12	Alta
Feedback	0,75	11	Alta
Fornecimento de avaliações formativas aos professores	0,90	10	Alta
Credibilidade do professor aos olhos dos estudantes	0,99	4	Alta
Expectativas dos estudantes	1,44	1	Alta

* Individualização do ponto de aprendizagem em que se encontram os estudantes.
** Seleção dos estudantes e suas divisões em grupos homogêneos.

Um outro estudo muito interessante é o de Robert Marzano (2003). Nesse trabalho, com seus colaboradores, ele revisita 35 anos de pesquisas no campo educativo e didático chegando, com uma técnica específica chamada "metanálise", a sintetizar quais estratégias de ensino têm um impacto positivo nos alunos em sala. Desse trabalho complexo, Marzano consegue colocar em evidência nove categorias que se revelam eficazes para os estudantes (Tabela 4.2).

Tabela 4.2 – As principais categorias de estratégias didáticas eficazes (Marzano, 2003)

	Categorias	Exemplos
1	Identificar semelhanças e diferenças	Diagrama de Venn, metáforas
2	Fazer sínteses e anotações	Autoaprendizado, ênfase, internet
3	Reforçar os esforços e fornecer reconhecimento	Elaboração de atividades com professor e *feedback* entre os colegas
4	Dever de casa	Aplicações de aprendizado em outros contextos
5	Representações não linguísticas	Organizações gráficas, mapas conceituais, modelos físicos, *role play*
6	Aprendizado cooperativo	Elaborar, dividir, entrevistar
7	Elaborar objetivos e fornecer *feedback*	Categorias, listas, planos de trabalho
8	Conceber e testar hipóteses	Processos de análise, resolução de problemas, processos de decisão
9	Questionários, organizações antecipadas	Guias, documentos, ensino lexical e rotineiro

Esse estudo também evidencia a necessidade da diferenciação didática e é um estímulo máximo para afirmar não apenas que é possível adotar esse modelo em sala, como também que é completamente imperioso operar na escola de modo a permitir que cada aluno alcance os objetivos previstos.

Entre as pesquisas que, de alguma forma, se conectam com o modelo de diferenciação, retomemos então a de Kirsten Olson (2009) sobre "as feridas da escola". Essa análise, na nossa opinião muito indicada e mencionada até mesmo por Tomlinson (2010) em um dos seus ensaios, ilustra como as experiências escolares podem afetar profundamente o espírito das pessoas e recair até

4 | Os pontos de referência científicos

na idade adulta. Olson, de fato, se dirige aos adultos para entender quais são as feridas, as lacerações, as dores que a escola pode provocar nas pessoas a ponto de permanecerem no tempo e serem lembradas como "arranhões" inadmissíveis e permanentes. As "feridas" mais comuns, de acordo com a autora, são as seguintes:

- perda do prazer de aprender;
- convicção de não ser inteligente ou capaz;
- convicção de que as capacidades existem ou não existem, e que não podem, portanto, melhorar com o esforço, a ajuda, a orientação nem com a compreensão de si mesmo;
- convicção de não ser acima da "média", acompanhada de uma sensação de desvalorização;
- raiva dos professores e de outras figuras autoritárias devido às impressões de não terem sido considerados e reconhecidos;
- tendência a classificar as pessoas como "inteligentes" ou "estúpidas";
- sensação de que a escola nos "diminui" cognitivamente;
- desejo escasso de enfrentar os riscos intelectuais, ou seja, tendência a encontrar a reposta correta e terminar depressa a tarefa (Olson, 2009, p. 72).

Entretanto, essas lacerações podem, segundo a análise, ser de qualquer forma "suturadas" pelos professores capazes de mostrar o verdadeiro interesse nos alunos, de colocar no centro do trabalho cada estudante e cuidar da satisfação de suas exigências pessoais, de colocar muita atenção nas diferenças legítimas presentes em sala, de valorizar positivamente todos os contributos, de apreciar a contribuição de cada um, de respeitar as diversidades de opiniões, de estimular atividades e tarefas baseadas nas peculiaridades de estilo e de aprendizado existentes na turma. Além disso, também emerge dessa pesquisa o valor relacional e promocional de um professor competente e pleno de paixão pelo próprio trabalho – uma verdadeira bênção para os alunos –, qualificado, com seu modo de lecionar com atenção às diferenças, para conseguir mudar a vida dos estudantes e sarar feridas profundas e bastante dolorosas.

Bem como sugere Bender (2012, p. 22), a ideia introduzida por Tomlinson, de um modelo didático baseado na diferenciação da proposta formativa para alcançar uma equidade de tratamento educativo funcional às exigências concretas de cada aluno, é relativamente recente. Contudo, há um *corpus* crescente de pesquisas que indicam o impacto positivo, na escola, da diferenciação didática[18], em que são alcançados também os resultados dos progressos da neurociência sobre o funcionamento do cérebro.

A mesma Tomlinson, com outros colegas seus, Brimijoin e Narvaez (2008), descreve os resultados objetivos de uma pesquisa iniciada em duas escolas onde foi demostrado de forma inequívoca como a adoção da diferenciação didática leva a resultados favoráveis nas *performances* escolares. As duas escolas pertencem a dois níveis escolares diferentes: a Conway Elementary School e a Colchester High School. A pesquisa apresenta um número relevante de dados e resultados escolares antes e depois do experimento didático.

Após três anos de experimentos e de implementações de práticas ligadas à diferenciação didática, conseguiram-se resultados muito bons nas *performances* dos alunos, superiores ao nível de partida de cerca de 30%. Além disso, os estudantes, após a experiência contínua da diferenciação didática, se tornaram capazes de superar testes nacionais com resultados nunca alcançados até então nesses institutos.

---

18. Cf. Caine e Caine (2006); Dodge (2007); King e Gurian (2006); Lee *et al.* (2010); Merzenich (2001); Tate (2005). Tomlinson *et al.* (2008); Tomlinson (2010).

5
A diferenciação em sala de aula
Estratégias e atividades exemplificadas

Defendemos que, diante dos graves problemas que a escola vive nos dias de hoje, é necessário estimular uma mudança no modo de ensinar. Os alunos estão cada vez mais difíceis e com frequência manifestam na sala comportamentos pouco administráveis com as tradicionais metodologias de condução da turma. A complexidade é o elemento principal que caracteriza a experiência escolar atual, tudo é bastante complicado, nada é simples: os estudantes, de todo nível, põem e impõem sem escrúpulos as próprias necessidades, manifestam abertamente as próprias problemáticas pessoais com comportamentos opositivos, provocadores, desafiadores, excessivos, infringindo por vezes as regras de convivência civil e, ainda mais, chamando a atenção dos professores para suas acentuadas diversidades pessoais.

A diferenciação didática, unida a uma capacidade determinada de gestão da turma, pode ser a única opção para conduzir a um bom termo uma experiência de ensino-aprendizagem válida para todos os alunos. Administrar a turma não é sinônimo de "disciplina", mas sim de "incluir todas as coisas que um professor deve fazer para estimular o envolvimento e a cooperação do aluno nas atividades de turma e estabelecer um ambiente de trabalho produtivo" (Sanford *et al., apud* Jones & Jones, 2001, p. 3). Isso requer uma renovação profunda do modo de fazer a escola: é urgente adotar um modelo de ensino destinado a dar respostas de valor a todos os alunos, em relação às peculiaridades de cada um, baseado na abordagem imersiva e na adoção de estratégias de condução úteis para criar um clima na turma com atenção à dignidade de cada um, adaptado a informar em vez de controlar; tal modelo deverá permitir a realização de uma inclusão verdadeira nos contextos educativos comunitários, indo além dos únicos percursos didáticos individuais.

As linhas da diferenciação didática

Howard Gardner afirma que "o maior erro cometido no ensino no passado foi tratar os jovens como se fossem variantes de um mesmo indivíduo, e sentir-se muito justificado ao ensinar a eles o mesmo argumento do mesmo modo" (Gardner, *apud* Tomlinson, 2006, p. 9).

Compartilhar isso permite ao professor examinar a própria atuação para reconhecer o que, na proposta formativa, funcionou e o que, por sua vez, representou um obstáculo, obedecendo também às leis de homologação e nivelamento, deixando-se guiar mais pelo índice dos testes em uso e não pelas demandas reais dos alunos. A presença dos estudantes com deficiências nas turmas comuns há mais de quarenta anos não conseguiu abalar o modo de ensino antiquado, desatualizado e destinado a garantir um padrão de nível hipotético ao qual o aluno *deveria* corresponder. Ou seja, as experiências conduzidas na Itália com os alunos com déficit foram importantes, estimulando a consciência de que se deve elaborar uma ação didática de valor para cada um dos estudantes. Todavia, a sensação é de que tudo isso faz parte de uma bagagem cultural e ética apenas teórica, reconhecida atualmente por cada professor como "fundamental" e valorosa, mas que então não encontra atuação prática na vida cotidiana. O modelo didático tradicional está bastante ancorado no trabalho dos professores, tem um passado enraizado e, de muitas maneiras, condiciona as mesmas normas escolares idealizadas para equiparar os resultados dos alunos e as modalidades de reconhecimento dos próprios ao padrão e aos níveis unitários e não personalizados.

5 | A diferenciação em sala de aula

A abordagem didática tradicional, de fato, baseia-se nos seguintes fundamentos (Gardner, *apud* Tomlinson, 2006, p. 16):

- As diferenças dos estudantes são ignoradas e apenas reconhecidas quando são problemáticas.
- Os processos avaliativos são idênticos para todos e são relacionados quase exclusivamente à aquisição de conhecimentos.
- A ideia de inteligência é única.
- A ideia de excelência é única.
- Os interesses do aluno não são considerados.
- O perfil de aprendizagem do aluno não é considerado.
- Predomina o modelo didático onde um único professor transmite o conteúdo de forma idêntica para todos.
- Os testes à disposição dos jovens representam o programa curricular do ensino.
- As atividades passadas são as mesmas para todos.
- O tempo ao dispor para as provas é igual para todos.
- Os testes usados são iguais para todos.
- A visão única apresentada é considerada ótima.
- O professor gera o comportamento do aluno.
- O professor resolve os problemas.
- O professor decide o programa.
- A avaliação é imposta com base em uma única modalidade para todos.

Por sua vez, o modelo da diferenciação didática é constituído sobre outros princípios opostos:

- As diferenças que os alunos apresentam são, em primeiro lugar, reconhecidas e valorizadas, e elas se tornam as bases fundamentais da elaboração da atividade didática abordada baseada nas exigências pessoais de cada um.
- As avaliações representam um momento importante para verificar se a proposta formativa foi considerada válida ou se necessita ser revista, reelaborada sobre outras bases.

- A atividade didática é baseada na ideia de que a inteligência não é unitária, e sim que existem, no interior de uma turma, múltiplas formas de inteligência que se deve conhecer para idealizar percursos formativos capazes de atender às demandas de cada indivíduo.

- A excelência não é uma meta de chegada estável para todos, pelo contrário, é um objetivo variável para cada um, a se alcançar partindo de condições iniciais diferentes.

- Os alunos encontram na proposta formativa idealizada seus interesses também, visto que eles são reconhecidos como importantes e estratégicos pelo professor.

- As várias características dos perfis de aprendizagem dos alunos são conhecidas pelo professor e levadas em muita consideração pelas atividades na programação.

- A proposta didática não é única, e sim diferenciada; ao mesmo tempo, em sala de aula, as atividades podem ser abordadas com tarefas específicas para cada aluno, ou com atividades de pesquisa em pequenos grupos, ou, ainda, com reflexões comunitárias em grupos grandes.

- As motivações de cada um, os interesses e o perfil dos alunos contribuem para a predisposição das atividades que se apresentam em sala.

- Nas atividades didáticas comuns, os alunos estão envolvidos com diversos tipos de representações e de linguagem.

- O tempo à disposição é flexível e programado com base nas demandas pessoais.

- O professor facilita a experiência de aprendizagem do aluno estimulando suas habilidades com o objetivo de que ele consiga o mais depressa possível se tornar autônomo.

- A construção social do aprendizado tem base nas experiências de turma e cada um dos alunos aprende a dar e receber ajuda.

- Os estudantes são avaliados com diversas modalidades.

Os princípios que caracterizam a diferenciação na sala podem ser, logo, sintetizados assim:

5 | A diferenciação em sala de aula

- Conhecer os alunos: não se pode prescindir da consideração dos níveis de partida de cada jovem.
- Focar o ensino das habilidades e dos conhecimentos essenciais.
- Destinar os interesses às diferentes exigências dos alunos.
- Começar com uma proposta formativa articulada que ligue os interesses dos estudantes respeitando suas necessidades diferentes.
- Elaborar um plano de ação adaptando-o às demandas dos estudantes em sala, diferenciando conteúdos, percursos e produtos a realizar.
- Usar uma pluralidade de estratégias didáticas, também simultaneamente.
- Envolver todos os alunos na proposta de trabalho.
- Fazer perceber que a aprendizagem se baseia na colaboração entre os professores e alunos.

Conhecer os alunos

É indispensável conhecer bem os alunos para oferecer processos formativos idôneos, já dissemos isso e reiteramos. Desde sempre, os grandes educadores baseiam seu trabalho no conhecimento do sujeito; relembremos a respeito disso a exortação de Rousseau em *Emílio*: "Comecem, portanto, a estudar melhor seus alunos, pois, definitivamente, não os conhecem de fato", afirmação ainda válida nos dias de hoje, onde os problemas dos jovens, ligados aos problemas das famílias e da sociedade, são realmente volumosos, desorientadores e causam a indiferença, a superficialidade, a arrogância, talvez até a ignorância com a qual são abordados.

Sabemos que, em todas as idades, do berçário até a universidade, a relação educacional está na base dos processos de ensino-aprendizado. É notável para todos como a aprendizagem só acontece de forma significativa se existir entre o estudante e o educador uma relação mútua de estima e confiança, temos consciência de que, se o professor "não gosta" do aluno, dificilmente haverá uma motivação verdadeira para o aprendizado. O estudante precisa en-

94 Luigi d'Alonzo | A diferenciação didática para a inclusão

contrar no docente um educador de verdade, uma pessoa que deseja seu bem e demonstra a paixão pelo próprio ofício na relação. As relações com as pessoas contribuem de forma fundamental para o amadurecimento do ser humano. "Nenhum homem é uma ilha", escreveu Thomas Merton, porque estamos "ancorados" no continente da humanidade e só podemos nos tornar "pessoas" de modo pleno quando conseguimos nos conectar e sintonizar com os outros. Essas experiências se tornam extremamente decisivas quando um jovem, no auge da evolução, tem a oportunidade de encontrar educadores, docentes capazes de influenciar de forma profunda seu intelecto, suas emoções e levar à descoberta de dons e habilidades que ele não sabia ter. Todo jovem merece encontrar educadores capazes de fazer a diferença, capazes de lapidar o diamante, muitas vezes bruto, mas sempre precioso, que é o Eu, reconhecê-lo, limpá-lo, dar-lhe o devido brilho.

Logo, para montar uma ação formativa correta é necessário criar uma ligação "educativa", um relacionamento intencional na base do qual existe inevitável e indiscutivelmente a compreensão profunda do aluno, o conhecimento de seus pontos fortes e fracos. Como realizar isso?

Criar ocasiões de encontro interpessoal

O conhecimento exige encontro, proximidade, frequência, tempo dedicado.

Todo professor tem à disposição anualmente um número substancial de horas dentro de sala de aula, um tempo que pode empregar também excluindo contatos significativos com os alunos; ele pode trabalhar com os estudantes, conversar com eles, fixar normas e regras... sem conhecê-los. A relação educacional se alimenta com diversas modalidades, acima de tudo comunicando ao aluno que ele é importante para o professor, que deseja trabalhar bem com ele. O encontro com o sujeito deve ser então um "evento" não banal, não vivido como "obrigação", e sim representar para ambos, seja para o professor, seja para o aluno, um fato de valor. Para obter isso, a capacidade do professor de se mostrar sincero, atento ao desejo

5 | A diferenciação em sala de aula

de relação e contato, na relação interpessoal, assume importância notável. O estudante precisa perceber depressa e por instinto o interesse profundo pela sua pessoa, e isso só pode acontecer se o docente consegue demonstrar no cotidiano de uma vida escolar que não necessita de acontecimentos extraordinários, e sim ordinários: o sorriso genuíno, o cumprimento feito com entusiasmo, um "tudo bem" que exprime realmente atenção e interesse, o chamado pelo nome que significa "lembro de você", a disponibilidade para programar momentos pessoais de encontro úteis, caso sejam bem conduzidos, para construir uma relação baseada em respeito e confiança, lembrar o aniversário ou recorrências particulares... tudo isso, e muito mais, pode alimentar a sensação de que o professor está interessado de verdade em cada aluno e que, com ele, pode-se viver como protagonista na experiência escolar, dissipando a ideia, infelizmente muito difundida, de que a escola deve apenas se defender o máximo possível para prevenir perigos.

Criar ocasiões de confronto em grupo

Para incrementar o conhecimento do aluno é oportuno, em segundo lugar, que o professor mostre de forma correta quem é e quais são seus propósitos. Oportunidades para enfrentar problemas e promover atividades não faltam, e, nessas experiências comunitárias, o aluno intui se o docente está mais ou menos disponível no contato com os outros, qual seu modo de reagir diante de provocações, de intervir em comportamentos inoportunos ou incorretos. Os alunos observam com atenção os professores nessas experiências de condução de grupo e, com muita frequência, conseguem entender se vale mais ou menos a pena recolocar a própria confiança naquela pessoa adulta que trabalha com eles. A atitude calma, reflexiva, atenta no contato com os indivíduos não pode confundir os estudantes; as reações, os movimentos, o tom de voz, as expressões do rosto, a postura transmitem informações que comunicam aos alunos as intenções do docente e as características da sua personalidade muito mais do que quando não conseguem fazer exposições longas.

Propor trabalhos voltados ao conhecimento dos indivíduos

Pode-se propor questionários simples para favorecer o conhecimento pessoal, sondagens breves destinadas a compreender a preparação de determinados assuntos, o interesse por atividades específicas, os métodos de estudo preferidos.

Conseguir entender as peculiaridades dos nossos alunos significa ter à disposição elementos para inaugurar prospectivas de trabalho úteis para a satisfação de suas necessidades pessoais e, então, incrementar motivação e interesse pelas atividades que se apresentam em sala de aula. É necessário considerar três aspectos: o estilo de aprendizagem de cada aluno; as peculiaridades que ele apresenta no plano intelectual; as condições ambientais em que se expressa melhor.

Cada pessoa tem um estilo próprio de aprendizagem, um modo de se aproximar do conhecimento, uma técnica para apropriar-se de um procedimento a ser adotado a fim de conseguir compreender as coisas. Pode-se definir isso como "procedimentos pessoais de trabalho tão implícitos que não tomamos consciência. Esses procedimentos pessoais de trabalho constituem os verdadeiros hábitos mentais" (de La Garanderie, 1980/1991, p. 41), que o aluno usa de forma prevalente, e podem ser, como já analisamos, de tipo visual, auditivo, cinestésico ou misto.

O segundo aspecto a se considerar são as peculiaridades no plano intelectual, e deve-se conectar com a teoria das inteligências múltiplas; toda pessoa, cada estudante tem habilidades intelectuais específicas que se referem a diversos tipos de inteligência: tais habilidades, caso usadas de forma eficaz nas atividades que as requerem, permitem a conquista do sucesso formativo. Como consequência, os professores devem colocar uma atenção particular no favorecer, por meio da proposta didática deles, a aplicação de todos os tipos de inteligência que os alunos têm potencialmente à disposição.

Enfim, nossos jovens operam melhor e são mais capazes de dar o máximo de si mesmos em particulares condições ambientais e sociais. Podemos detectar que alguns preferem trabalhar sozinhos, outros só conseguem alcançar resultados importantes em dupla, outros também se esforçam apenas quando estão inseridos num grupo.

5 | A diferenciação em sala de aula

Compilar o perfil da turma

O conhecimento de cada aluno deve resultar numa compilação de um perfil de turma que permita dispor o mais rápido possível de uma fotografia da realidade, com pontos fortes e fracos, informações sobre os interesses dos indivíduos e suas necessidades pessoais, a fim de montar com a máxima perfeição uma ação educacional e didática e percursos formativos válidos para a turma e para cada um dos alunos.

Um exemplo de perfil da turma é representado na Tabela 5.1:

Tabela 5.1 – O perfil da turma[19]

Aluno	Estilo de aprendizagem	Inteligências múltiplas	Ambiente
1	Visual, cinestésico	Espacial, lógico-matemática	Trabalha melhor em grupo pequeno
2	Visual, cinestésico	Linguística, interpessoal	Trabalha melhor individualmente ou em dupla
3	Visual	Lógico-matemática, interpessoal	Trabalha melhor individualmente
4	...	...	...
5	...	...	...

O clima positivo

O conhecimento do aluno e de suas necessidades, do seu estilo de aprendizagem e de seus canais comunicativos privilegiados é, como vimos, indispensável em toda relação educacional que deseje ser significativa, mas ela se torna bem mais quando o modelo de referência na escola é a diferenciação.

Para se comportar com sucesso em sala de aula é igualmente importante criar um clima na sala idôneo ao aprendizado, capaz de envolver cada pessoa numa atmosfera construtiva, colaborativa e afetiva. Todos nós nos comportamos melhor num ambiente que nos dá segurança e bem-estar, preferimos trabalhar num contexto

---

19. Ministério da Educação de Ontário (2010). *Differentiated instruction educator's package*. Queen's Printer para Ontario, p. 18.

social respeitoso das pessoas e estimulante no plano cultural; e, se isso é real para os adultos, é ainda mais importante para as crianças, os adolescentes, os jovens. O professor deve investir tempo e energia na criação de condições que favoreçam um clima na sala positivo para todos os alunos, com o conhecimento, como afirma Fisher (2003), "de que isso condiciona o processo de ensino/aprendizagem por meio dos elementos sutis que envolvem os professores, os alunos, as famílias, a comunidade educativa e o contexto social" (p. 264). Um clima em sala positivo ajuda todo aluno, até aquele "difícil", a viver com empenho e confiança na proposta formativa, enquanto um clima em sala negativo, inadequado, pode provocar fechamentos e proteções que condicionarão de forma desfavorável o esforço no aprendizado. Os elementos sobre os quais construir um clima em sala positivo são os seguintes:

- atmosfera convidativa;
- atmosfera serena;
- atmosfera compreensiva;
- atmosfera coesa;
- atmosfera de apoio.

O aluno, para dar o melhor de si, necessita estar inserido num ambiente escolar convidativo e se esforça de forma máxima apenas se respira um clima educativo de confiança e serenidade, de aceitação e respeito, se suas *performances* não condicionam a visão que ele tem de si, se não teme os julgamentos negativos dos outros quando se encontra com dificuldades. Nesse ambiente, o aluno pode permitir-se enfrentar deveres sem ser condicionado por resultados e por avaliações consequentes, ele sabe que o próprio professor o ajudará nos momentos de dificuldade e que os próprios colegas são um recurso que pode usar, se necessário, e estando ele pronto para ajudar os outros em caso de necessidade. A atmosfera compreensiva lhe oferece a possibilidade de operar em um ambiente quente no plano afetivo e respeitoso das individualidades. Os resultados obtidos, mesmo que negativos, não representam um problema, mas sim um elemento decisivo para avançar na compreensão das coisas e na aquisição das habilidades. A turma é um valor adicional e as metas alcançadas são resultado do trabalho unitário do grupo inteiro em vez da soma dos sucessos individuais. O suporte do professor e dos colegas é assegurado em toda conjuntura, e esse conhecimento oferece ao indivíduo a oportunidade de tentar pessoalmente conquistar a meta prospectada, ainda que elevada. Nesse clima positivo, na verdade, todos têm conhecimento de que o professor propõe objetivos importantes, não banais, porque há estima pelos estudantes, confiança na sua capacidade e desejo de que eles se esforcem para alcançar aprendizados importantes. Quando as metas são estimulantes, e a situação é positiva, os jovens investem porque percebem que, no final, a satisfação pessoal e comunitária será grande e plena.

Um clima em sala negativo, por sua vez, provoca sensações emotivas desprazerosas, induz à desresponsabilização, à hostilidade, à inadequação; numa atmosfera similar, ninguém consegue dar o melhor de si mesmo, nem mesmo os docentes, e os jovens são obrigados a "sobreviver", defendendo a própria autoestima até com atitudes e comportamentos inadequados, provocadores e às vezes desviantes.

A diferenciação didática, portanto, baseia-se na criação de um clima em sala promocional do aprendizado, por meio de uma atmosfera educativa que apoie o trabalho individual, em grupos pequenos e grandes, estabelecidos sobre três princípios que sustentam essa escolha salientada por Julia Roberts e Tracy Inmann (2015):

- Uma turma que trabalha seguindo o modelo da diferenciação didática respeita a diversidade.
- Uma turma que trabalha seguindo o modelo da diferenciação didática mantém altas expectativas.
- Uma turma que trabalha seguindo o modelo da diferenciação didática promove abertura para os outros.

O respeito pelas diferenças e diversidades é um valor indiscutível das turmas inclusivas e dos professores que desejam trabalhar

100   Luigi d'Alonzo | A diferenciação didática para a inclusão

no plano da diferenciação didática. O professor age para estimular um clima na turma em que se aumente o conhecimento que, neste mundo cada vez mais amplo, mas também cada vez mais reduzido e conectado, uma vez que, com bastante simplicidade, conseguimos nos colocar em ligação direta e visível com pessoas que vivem em outros continentes, a diversidade é um fato realmente indispensável e precioso. A realidade globalizada da qual fazemos parte – em que nos deslocamos por trabalho ou por prazer, em que nos reunimos dentro de um espaço geográfico definido ou viajamos com meios de transporte cada vez mais velozes e acessíveis ou no campo da internet – tem a necessidade de basear-se no respeito pessoal recíproco e de transcender a ideia de pertencimento nacional para abrir-se à relação social mundial. O ser humano nasce "diferente" dos seus similares e sua individualidade é tão marcada que o torna único mesmo quando se é gêmeo. Tudo isso assume uma relevância enorme num período da história da humanidade caracterizado pelas migrações de populações inteiras com todas as grandes preocupações, e também as grandes esperanças, que isso traz. As diferenças pessoais nas nossas escolas não espantam mais ninguém, nas turmas convivem alunos de diversos países, de comunidades e de culturas bastante diferentes. Tudo isso se incrementa à especificidade natural de cada aluno presente em sala com os próprios perfis de aprendizagem, com as habilidades, as necessidades, os interesses e os problemas. Não podemos esquecer, também, que na escola italiana estão presentes com frequência diversidades "certificadas", como as deficiências ou os transtornos específicos de aprendizagem. Apenas uma ação formativa intencional da escola, programada com atenção e bastante desejo pelos professores, pode favorecer um clima educativo adequado, que torne possível a instauração de processos educativo-didáticos diferenciados. "É imperativo que a diversidade seja consistentemente honrada. Desde o primeiro dia de escola, a diversidade deve ser conhecida, abraçada e celebrada por todos os atores escolares" (Roberts & Inmann, 2015, p. 25). Para alcançar tais objetivos, os passos podem ser os seguintes:

5 | A diferenciação em sala de aula

1. *Iniciar imediatamente*: Desde o primeiro dia é oportuno abordar o tema da diversidade, conversando com os alunos e enfatizando o fato de que não existe um único modo para aprender, como também não existe uma única metodologia de trabalho.

2. *Colocar-se na situação*: Os estudantes precisam entender de forma concreta o que significa abordar tarefas e atividades de modo diferente. É importante que eles possam refletir em pequenos grupos sobre suas habilidades, quase sempre bastante diferentes, sobre seus interesses específicos, sobre suas dificuldades e potencialidades, tornando-se assim cada vez mais conscientes das próprias capacidades e das dos outros, dos próprios limites e dos outros.

3. *Descobrir as peculiaridades de cada um*: Para incentivar uma turma que respeite as diferenças, é necessário estimular o conhecimento recíproco. É oportuno, nesse sentido, elaborar atividades específicas destinadas a compreender as peculiaridades próprias de cada aluno pertencente à turma. Não se trata de tempo perdido, e sim de uma fase indispensável para amadurecer nos alunos o respeito que nasce do conhecimento e que gera o conhecimento que todos, realmente todos, podem introduzir a própria contribuição na turma.

4. *Comunicar*: É necessário tomar consciência de que a comunicação é essencial para criar um bom clima na sala de aula, que seja atento às diferenças. A comunicação respeitosa, eficaz, clara é a base para amadurecer relações pessoais e relacionamentos sociais. O papel do professor aqui é fundamental, sua capacidade de lançar mensagens idôneas, sua vontade de "alcançar" todos na turma, sua exigência de ser entendido por cada aluno provocam nos estudantes modalidades comunicativas análogas, respeitosas e pró-sociais.

Além do mais, uma turma que trabalha seguindo o modelo da diferenciação didática mantém altas expectativas. Nesse modelo não há lugar para uma diminuição dos níveis de aprendizagem, não se trata de limitar-se a oferecer aos alunos propostas baseadas em seus interesses, em suas habilidades, em suas motivações com o objetivo de fazê-los simplesmente trabalhar. O professor, nesta abordagem, diferencia a didática porque está convicto de que todos os seus alunos, incentivados, estimulados, acompanhados, valorizados, podem conquistar metas educativas e didáticas muito elevadas, em relação às potencialidades de cada um. O professor é exigente e demanda esforço e seriedade dos próprios alunos, daqueles que aprendem rápido e completamente e daqueles que se mostram mais fracos e lentos, daqueles que têm fome de saber e que se empolgam a cada proposta e daqueles que parecem carentes de estímulos e motivações, daqueles que sabem se controlar e respeitam as regras de convivência e daqueles que perturbam, provocam, opõem-se, procuram de todo jeito desafiar e desestabilizar. Cada aluno deve perceber que a diferença didática é um instrumento por meio do qual alcançar a excelência pessoal que pode projetá-lo na vida e na profissão com tudo em ordem para exprimir ao máximo as próprias potencialidades. É, então, determinante que todos os jovens se sintam envolvidos numa experiência de aprendizagem exaltante, percebendo a qualidade bastante elevada da proposta formativa, seja a respeito do trabalho a desenvolver, seja a respeito do valor da presença de apoio do professor, que mostra constantemente conhecer:

- o que os estudantes devem saber;
- o que devem entender e executar;
- o que devem ser capazes de fazer após as fases de aprendizagem e como resultado de seus esforços.

Gentry e colaboradores (2011, p. 116) indicam, em sua pesquisa relativa ao perfil típico de um professor capaz de realizar bem o próprio ofício, quais são as características operativas que provocam nos alunos a motivação ao esforço até a excelência; de acordo com o estudo, os docentes dignos de exemplo:

- conhecem e mostram interesse particular pelos seus estudantes;
- estabelecem altas expectativas para si mesmos e para os estudantes;

5 | A diferenciação em sala de aula   103

- apresentam conteúdos e aprendizados significativos como relevantes para o futuro dos alunos e respeitam as escolhas dos estudantes;
- demonstram paixão pelo ensino, pelas atividades que apresentam e pelos alunos.

Além disso, é muito importante compreender com clareza as razões das propostas formativas e os motivos que levam o docente a propor e pedir um esforço particular no aprendizado, visto que as crianças, os alunos, os jovens precisam perceber que as atividades de trabalho elaboradas pelo professor são de fato importantes para suas vidas e apoiadas pelas instâncias culturais, sociais e científicas. Os materiais e as tarefas devem ser cativantes, pertinentes, estimular um aprendizado ativo e evidenciar um caminho seguro e satisfatório.

É necessário "investir" muito na motivação, procurando entender o que os estudantes realmente colocam em jogo e o que é capaz de incentivá-los ao esforço pessoal contínuo. O modelo da diferenciação didática foca conseguir para cada um o sucesso formativo que consentirá a inserção efetiva, frutífera e gratificante no mundo e na sociedade.

Os pilares sobre os quais construir a elaboração de uma proposta formativa cativante são os seguintes:

- Atenção às "urgências" pessoais dos alunos.
- Considerar sempre que os estudantes adoram ser bem-sucedidos nas atividades que são propostas em turma.
- Vigiar as justificações pessoais que são entregues aos alunos dos resultados.
- Valorizar a autodeterminação.
- Manter presente a importância da competência pessoal.
- Desfrutar do grande motor da relação.

Estar atento às "urgências" pessoais dos nossos alunos

Um professor não pode agir com os alunos sem considerar suas vivências, suas alegrias e suas dores; as experiências vividas, os primeiros anos de vida afetam profundamente a motivação escolar. Não podemos esperar que um aluno se interesse pelas questões culturais da turma, se, em casa, ele vive uma experiência familiar devastadora que distrai suas energias. Não podemos exigir que um sujeito se esforce de forma adequada diante de questões lógico-matemáticas se seu espírito é perturbado por vivências experienciais limitantes. Maslow (1954/1992) evidencia bastante que é inútil e prejudicial querer dos nossos alunos um empenho escolar adequado se eles não resolveram antes as necessidades *ausentes* (fisiológicas, de segurança, de pertencimento e amor, de estima). Na verdade, as necessidades de *crescimento* (de autorrealização, de conhecimento, as estéticas) se tornam importantes para as pessoas apenas quando as necessidades ausentes são previamente satisfeitas.

Considerar sempre que os estudantes adoram ser bem-sucedidos nas atividades propostas em sala de aula

Em qualquer lugar, o ser humano age para obter sucesso nas suas ações. Ninguém gosta de constatar que o próprio esforço não produziu resultados positivos. Atkinson (1964/1973) valida "a motivação ao sucesso como uma disposição da personalidade relativamente geral e estável" (p. 25). Na escola, isso surge de forma emblemática, os alunos agem e se comportam, se esforçam e estudam, se vislumbram uma prospectiva de sucesso nos comportamentos deles. Se essa expectativa, por causa de vários fatores, não existe ou o sujeito não consegue vislumbrá-la, se não há os resultados positivos, se a comparação com os outros colegas é grave em termos de resultados adquiridos, ele pode enfim adotar atitudes problemáticas destinadas a não procurar tanto o sucesso, mas, sim, evitar o insucesso. Muitos comportamentos inadequados podem surgir da necessidade profunda do aluno de buscar estratégias operativas para reestabelecer uma visão de si eficaz, capaz de sustentar o Eu diante de resultados negativos contínuos que a escola entrega e a consequente visão desvalorizada de si que tais fracassos provocam nele.

5 | A diferenciação em sala de aula

Vigiar as justificativas pessoais que são entregues aos alunos dos resultados

As expectativas do sujeito ao abordar a própria experiência são particularmente importantes para a motivação escolar. Cada estudante leva consigo para a sala de aula uma carga de expectativas, de esperanças e de desejos mais ou menos concretos, mais ou menos reais quando abordam o próprio futuro escolar. Essas expectativas contribuem para motivar a pessoa a um empenho profícuo. Suas consequências, porém, podem prejudicar o empenho escolar e o interesse na abordagem do estudo; de fato, se os resultados obtidos na prova concreta dos fatos não correspondem às expectativas, podem surgir graves consequências na abordagem do empenho escolar. O sujeito pode decidir que não vale a pena se dedicar tanto assim ao estudo, pode criar-se a ideia de que o professor não o entende, que os outros colegas conseguem resultados melhores porque são mais fortunados etc. Os estudos de Rotter (1954, 1966, 1975) sobre isso nos oferecem indicações significativas: ele revelou que "não apenas os reforços, os prêmios, as recompensas, o sucesso obtido têm seus papéis importantes na motivação escolar, mas têm um peso próprio ao direcionar a ação do ser humano também os convencimentos sobre aquilo que determina a realização da meta pré-fixada" (d'Alonzo, 1999, p. 29). É muito importante compreender as razões que o aluno se dá pelos resultados escolares. Se, diante de um êxito negativo, ele se convence que foi causado por azar ou se justifica alegando motivos de saúde (dor de cabeça, cansaço, insônia etc.), causas que excluem sua responsabilidade pessoal, isso tem repercussão no nível motivacional. Covington chama esse processo de atribuição *"egotism hypothesis"*: o ser humano tende, de fato, a atribuir a causas externas à própria pessoa os fracassos que a experiência impõe e, à responsabilidade individual, os resultados positivos. Isso porque cada um de nós age para manter o nível de autoestima alto. Para Martin Covington: "um dos maiores princípios organizadores na psicologia é a presunção de que os indivíduos se comportam com o objetivo de promover uma autoestima positiva a fim de obter a aprovação dos outros e para esquivar-se de

106   Luigi d'Alonzo | A diferenciação didática para a inclusão

ações e eventos que poderiam causar a eles consequências sociais negativas" (Covington, *apud* Ames & Ames, 1984, p. 78).

Não podemos resolver o problema dos alunos desmotivados estigmatizando simplesmente seu comportamento: não se esforça, é mal-educado, não consegue se concentrar nunca, não realiza os deveres de casa. É necessário entender as razões de seus comportamentos. Além disso, a desmotivação não é uma realidade concreta, evidente, tangível, é apenas uma abstração, uma ideia, um juízo que nós extraímos de uma série de comportamentos problemáticos dos nossos alunos. Talvez a pedra angular para resolver, em parte, a questão da desmotivação em sala de aula esteja exatamente no compreender bem, no interpretar com humildade os comportamentos dos nossos alunos, rejeitando a ideia de julgá-los como pessoas.

Deci e seus colaboradores (1975, 1985) têm convicção de que existem três necessidades fundamentais, as quais, se satisfeitas, podem estimular de forma adequada um desenvolvimento correto da motivação intrínseca: a *necessidade de autodeterminação*, a *necessidade de relação* e a *necessidade de competência*.

Valorizar a autodeterminação

Toda pessoa sente um impulso notável de governar de forma autônoma sua vida e vive com desconforto os contextos em que deve se sujeitar às vontades dos outros. É uma necessidade inerente ao ser humano a de tomar decisões baseadas na própria existência e nas próprias escolhas: por isso é muito importante buscar estimular nos alunos a satisfação dessa necessidade que na escola, por sua vez, é facilmente frustrada pelo fato de que quem decide o que fazer, quem cronometra os tempos de aprendizagem e os momentos das relações sociais não são os alunos. Estudos sobre esse tema nos indicam como é urgente permitir aos estudantes que sejam convocados a participar cada vez mais da vida na sala de aula. Precisamos buscar envolvê-los de forma gradual e metódica em todos os níveis, da definição das regras de convivência em turma à programação periódica das atividades, das avaliações a adotar aos critérios avaliadores que necessitamos impostar.

5 | A diferenciação em sala de aula

Manter presente a importância da competência pessoal

Para o crescimento da motivação interna, precisamos que os professores busquem o máximo possível não frustrar a necessidade do aluno de ser reconhecido como uma pessoa ágil e capaz. Todo aluno tem a necessidade de perceber-se sujeito de valor, a fim de abordar as tarefas e os aprendizados escolares e, logo, o mundo inteiro com confiança nos próprios meios e nas próprias potencialidades. A confiança em si mesmo é uma das maiores conquistas a amadurecer durante os anos e depende muito de como o indivíduo vive suas experiências escolares. A motivação intrínseca é fruto de um longo processo pessoal que aumenta cotidianamente no confronto direto com o mundo e, por consequência, com a escola. O sujeito não pode se afirmar caso viva experiências escolares negativas contínuas e fracassos escaldantes, caso as respostas que lê nos olhos dos professores e dos colegas sejam todas desfavoráveis e desvalorizadoras. Diante de *feedbacks* contínuos desse nível, e em uma vivência escolar que reflete ao aluno uma visão de si carente de valor, é lógico que ele procura alternativas para incrementar a própria necessidade de competência. Muitos dos comportamentos problemáticos em turma têm origem bem na necessidade de poder se afirmar, eis então que a cobiça, a provocação, a reação mal-educada podem ser resultado da exigência de perceber-se capaz de enfrentar o mundo e de impor a própria dignidade. O ser humano necessita de oxigênio para viver, mas também de satisfazer a necessidade de competência.

O professor deve então ser muito prudente na proposta formativa, não deve correr o risco de abater a necessidade de competência com escolhas programáticas erradas. Os pesquisadores dizem que tarefas ao alcance dos alunos são necessárias, não simples, visto que podem desmotivar, mas, sim, "desafiadoras", a fim de provocar uma reação positiva do aluno. Além do mais, essas atividades não devem ser competitivas: de fato, se o estudante desmotivado se dá conta de estar envolvido numa ação competitiva, corre-se o risco de abandonar a tarefa na mesma hora. É necessário saber valorizar os resultados positivos do sujeito e minimizar os negativos.

Bandura (1995/1997), na sua teoria sociocognitiva, insiste exatamente no valor da *performance*. Para construir uma visão adequada de si, para alcançar um senso de autoeficácia pessoal significativo, cada indivíduo e, logo, cada aluno, precisa enfrentar tarefas concretas, cujos resultados positivos sejam frequentes e importantes. Não apenas as *performances* desenvolvem, para Bandura, essa tarefa, mas também as estimulações verbais que o aluno pode receber dos professores contribuem para a construção de uma visão adequada de si, assim como os processos imitativos que cada indivíduo usa observando os outros e que, sem dúvida, não devem ser menosprezados na escola. Não se deve, além disso, ignorar o papel importante que os estados emocionais exercem: as emoções, as ânsias, os medos do sujeito diante da experiência cotidiana. As propostas educativo-didáticas devem ser vividas, logo, de forma muito serena pelos alunos, precisamos evitar que eles vivam com receio e mal-estar a experiência escolar, as tarefas a resolver, as avaliações periódicas, as demandas cotidianas que com frequência se tornam fonte de inquietação e desconforto.

Desfrutar do grande motor da relação

Se desejamos assegurar que os nossos alunos amadureçam uma motivação intrínseca significativa, é necessário que a vida escolar se torne um ambiente fascinante de ser vivenciado, e uma sala de aula que trabalha seguindo o modelo da diferenciação didática estimula a abertura aos outros. De resto, a satisfação da necessidade de relação está na base de uma prospectiva educativa e didática que deseja ser bastante motivante. O ser humano é um ser social que precisa dos outros para viver e amadurecer sua humanidade. Conforme o indivíduo cresce, afirma-se cada vez mais a necessidade de pertencer-se a um grupo, de entrar numa relação com os colegas e com os amigos. A escola como ambiente social oferece muitas oportunidades formativas para atender a essa demanda de estar envolvido numa vida comunitária. Além disso, trabalha-se melhor, age-se com mais

5 | A diferenciação em sala de aula

energia num ambiente onde a pessoa se sente à vontade, aceita pelos outros, buscada e amada pelos seus semelhantes. Os próprios professores operam com melhores resultados quando trabalham com uma equipe em que se vive com respeito e se colabora de forma significativa e unitária.

A pesquisa no campo pedagógico e psicológico oferece uma vasta gama de dados incontestáveis que não se pode mais ignorar; fala-se muito, em particular, dos fatores capazes de estimular nos alunos um interesse verdadeiro no aprendizado escolar. Compreende-se a importância da satisfação das principais necessidades, entende-se o papel central que o "sucesso" exerce na peça motivacional, conhece-se as implicações diretas que o sentido de autoeficácia tem na canalização dos interesses dos alunos, e as dinâmicas decisivas ativadas pelo sentido de competência, de autodeterminação e de pertencimento. Em particular, as pesquisas propõem com força pedagógica a ideia de que o professor pode ter um papel significativo no desenvolvimento do estudante, "apesar" da escola. As inúmeras pesquisas que se desenvolvem desde os anos de 1970 ofereceram o dado irrefutável que "o professor também pode ter uma influência profunda no aprendizado do aluno nas escolas que aparentam ser bastante inadequadas para levar a cabo seu trabalho" (Marzano *et al.*, 2001, p. 25). Para apoiar essa opinião, podemos citar inúmeros estudos; entre as pesquisas mais importantes, relembremos daquela feita por Sanders *et al.* (1997): eles analisaram os resultados escolares de mais de 100 mil estudantes em centenas de escolas diferentes, comparando-os com os vários fatores que influenciam a pessoa em processo de desenvolvimento, como a família, o ambiente de vida, a extração social, os professores. As conclusões do estudo deles demostram que os professores podem ser bastante significativos para os alunos e, de toda forma, determinantes para a vida deles. A consequência imediata desses êxitos é que, para cada docente, é indispensável aumentar, por meio das próprias competências relacionais, a capacidade de influir positivamente na motivação a aprender.

> As nossas pesquisas indicam que, em média, os professores capazes de ter uma alta qualidade nas relações interpessoais com seus estudantes têm um ano escolar com 31% menos problemas disciplinares, regras violadas e questões afins, em relação aos professores incapazes de instaurar, com os próprios alunos, uma alta qualidade de relações interpessoais (Marzano & Marzano, 2003, p. 7).

É conveniente, então, que os resultados levantados pelos estudos dos últimos anos sejam a base da ação do docente em sala de aula e da relação entre o aluno e o professor, o evento que deve se estruturar sobre bases sólidas cientificamente fundadas e verificáveis, que não tem nada a ver com as características da personalidade do docente, com sua afabilidade e doçura natural nas modalidades comunicativas, ou com a ideia bastante difusa que indica, como fator fundamental da relação educativa, a amizade entre aluno e professor.

Uma relação realmente eficaz é caracterizada por comportamentos específicos que o docente usa na própria ação educativo-didática cotidiana; em primeiro lugar, a exibição de níveis apropriados de "dominância", ou seja, atitudes seguras, decisivas, determinadas, capazes de comunicar autoridade, e não prevaricação e controle. O professor, mostrando uma personalidade forte, consciente das próprias responsabilidades e de seu valor, representa para o aluno um guia e um ponto de referência inigualáveis. A dominância, como afirma Marzano, é a habilidade do docente em conduzir com mão firme e segura, por meio das propostas didáticas, as relações em sala.

Para exibir uma válida "dominância" é, porém, necessário que o professor tenha presentes três aspectos fundamentais da vida educativa em turma:

- Estabelecer expectativas e consequências claras.
- Evidenciar objetivos claros de aprendizagem.
- Exibir um comportamento positivo.

5 | A diferenciação em sala de aula

Acima de tudo, é preciso que o docente informe aos alunos das expectativas com o comportamento deles, visto que os estudantes devem saber o que é bom fazer e o que não é bom fazer, aquilo que o professor espera deles em termos de resultados de aprendizagem e de comportamentos maduros. O que deve acontecer por via de duas modalidades:

- Fixar regras e procedimentos claros.
- Avisar aos alunos as consequências inevitáveis de seus comportamentos.

As pesquisas que desde os anos de 1980 foram realizadas nos indicam como é decisivo, para construir um relacionamento sério com os alunos, estabelecer regras e procedimentos que deverão disciplinar o comportamento geral dentro de aula, nos trabalhos em grupo, nos individuais, nos momentos recreativos e naqueles de maior empenho na atenção, no início e no fim do dia. Nesse sentido é importante que o docente não imponha regras, e, sim, tomando como ponto de partida as pesquisas de Glasser (1990), que envolva os estudantes na fixação das normas que devem regular a vida em sala, por meio de encontros e discussões destinados a favorecer um consenso geral e a tomada de responsabilidade.

Muito importante é, também, dar continuidade às decisões tomadas de forma comunitária. O professor deve ter credibilidade aos olhos dos alunos, o que é incentivado por seus comportamentos diante das pessoas que não respeitam os pactos e as regras estabelecidas. Uma relação eficaz se constrói também por via das ações educativas com as quais se desaprova um comportamento inadequado ou se elogia um comportamento positivo. Os alunos desejam um professor capaz de ter fé nos esforços empreendidos e capaz de exercer a sua autoridade para condenar comportamentos inaceitáveis.

Precisamos, além disso, que o docente também consolide a sua "capacidade de gestão" por meio do trabalho: a autoridade se con-

112   Luigi d'Alonzo | A diferenciação didática para a inclusão

quista exercendo bem o ofício de professor, o que significa ser capaz de estimular e facilitar a aprendizagem. Todos os alunos devem alcançar a competência por meio da aquisição de novos conhecimentos e do amadurecimento das habilidades; isso deve ser incentivado pela capacidade do docente de propor atividades idôneas, de comunicar com clareza os objetivos didáticos em fase preliminar, de garantir o retorno aos alunos de respostas claras e detalhadas sobre seu esforço na tarefa, de recordar quase sempre o que é esperado, de fornecer *feedback* dos resultados obtidos.

A motivação pessoal passa também pela compreensibilidade da ação formativa. As atividades a serem propostas em turma, as regras e as normas, os objetivos a alcançar devem ser claros, inequívocos e fáceis de entender.

Para estruturar uma relação sólida e válida em turma é necessário, enfim, elaborar uma vida em grupo com um forte sistema cooperativo. Todo aluno deve estar envolvido na vida dos outros, tornando-se atento às necessidades dos colegas, o que pode acontecer se o professor for capaz de dosar adequadamente sua ação educativa consciente com a cooperação. Dentro da turma, são necessárias ambas essas prospectivas, uma não exclui a outra, e a presença atenta do docente não exclui a cooperação, mas, acima de tudo, o apoio é necessário ali. Os estudantes operam e agem em grupo, trabalham e buscam cooperação, ativam-se e se motivam apenas se percebem a presença educativa, não coercitiva, e sim discreta, respeitosa e visível do professor.

Elaborar diferenciando e avaliando

Programar o plano das atividades tendo em mente as diversas peculiaridades e características dos alunos permite corresponder de forma conveniente a suas necessidades, consentindo a efetiva realização do processo de aprendizagem e a conquista segura de conhecimento, habilidade e competência.

5 | A diferenciação em sala de aula

Portanto, precisamos considerar sugestões que possam guiar a ação da diferenciação didática. Listamo-las a seguir para então analisarmos detalhadamente.

1. Organizar o ambiente da turma ao escolher os elementos que seja possível diversificar, úteis para ajudar todos os alunos a alcançarem resultados excelentes.
2. Elaborar com clareza.
3. Favorecer a construção social do aprendizado.
4. Subdividir a turma o mais rápido possível.
5. Não planejar apenas uma atividade, e sim prever duas ou três.
6. Usar contemporaneamente várias atividades diferenciadas.
7. Modificar o plano de trabalho criando alternativas.
8. Envolver de forma emocional os estudantes.
9. Usar a diferenciação didática para trabalhar de modo inclusivo.
10. Prever algumas lições de nível tradicional.
11. Elaborar um monitoramento contínuo.

1. Organizar o ambiente da turma ao escolher os elementos que seja possível diversificar, úteis para ajudar todos os alunos a alcançarem resultados excelentes

No modelo da diferenciação é atribuída relevância ao ambiente físico em que se trabalha: ele pode ajudar os alunos na aprendizagem, mas pode também constituir um obstáculo ao esforço deles.

Então é necessário que o professor que deseja trabalhar diferenciando as próprias propostas formativas para estimular processos de crescimento pessoal em todos os presentes em turma use na sala, de forma flexível, aquelas adaptadas às várias necessidades e às escolhas didáticas. As mesas e os objetos à disposição podem ser colocados e utilizados de acordo com as várias exigências: para trabalhos em pequenos grupos, para atividades comunitárias, para reagrupamentos destinados à pesquisa, para atividades de estudo onde as mesas não são necessárias, para encontros comunitários onde apenas as cadeiras são úteis etc.

Precisamos considerar também que qualquer aluno pode ter a necessidade de trabalhar sozinho, de estudar individualmente, de pensar e refletir de forma separada dos outros, e, por isso, é sempre oportuno elaborar um espaço útil para esse objetivo.

A disposição das mesas em formato de ilha permite a criação de espaços versáteis e polifuncionais: o espaço para leitura, para a produção emblemática de trabalho, para a reprodução de vídeos, para as atividades comuns.

As paredes da sala também servem como enormes "páginas" de um caderno capaz de conter os traços da construção do saber: cartazes que resumem os trabalhos, fotografias e imagens que evocam regras, procedimentos e fórmulas a evidenciar, passos cotidianos a alcançar, objetivos a dividir.

As tecnologias para a didática também representam um recurso na prospectiva que estamos estudando: não é mais possível exercitar uma ação didática comum sem o esforço delas; sobretudo se falamos de diferenciação, a necessidade de programar atividades idôneas e baseadas nas exigências de cada aluno demanda a utilização delas.

A LIM (Lousa Interativa Multimídia) é, sem dúvida, um instrumento de grande interesse, mas todos os dispositivos presentes no panorama tecnológico didático – computador, *tablet*, celulares, projetores, *software* –, inclusas as tecnológicas assistivas, cada vez mais sofisticadas e crescentemente mais capazes de ajudar os alunos com deficiência na sua experiência escolar, representam aliados preciosos na diferenciação didática.

Recordemos dessa forma como a acessibilidade informática está no momento nos dispositivos tradicionais e ajuda os alunos com déficit em suas atividades cotidianas graças, por exemplo, aos

5 | A diferenciação em sala de aula

comandos de voz dos dispositivos, aos teclados pensados para deficiências particulares, aos dispositivos adaptáveis, aos comandos oculares etc. A própria robótica, que chegou a graus notáveis de excelência, constitui uma novidade que não é mais possível ignorar ou menosprezar.

2. Elaborar com clareza

É de fato importante que os docentes saibam desde o início o que propor aos alunos, por que apresentar determinadas atividades, o que devem fazer os estudantes no fim do percurso.

A clareza dos propósitos, dos conteúdos, dos objetivos, dos procedimentos, das demandas está na base da diferenciação didática.

Um professor que deseja adotar esse modelo é convocado a responder às seguintes questões (Wiggins & McTighe, 1998/2004):

- O que desejam que os estudantes aprendam?
- Como saberão que eles aprenderam?
- Como elaborarão o ensino e a avalição para ajudar os alunos a aprenderem?

Como afirma Tomlinson (2003/2006),

> quando desenvolvemos o currículo, seja quando aderimos à abordagem da elaboração ao contrário, proposto por Wiggings e McThighe – que prevê o início com o produto final ou a avaliação para depois determinar do que os estudantes precisam para realizá-la de forma eficaz –, seja quando decidimos especificar como primeira fase os elementos essenciais para depois seguir em frente, o objetivo é sempre o de obter uma elaboração clara (p. 96).

A ficha seguinte (Figura 5.1) pode ser útil no planejamento de um trabalho diferenciado, consentindo ao docente que seja claro em relação às escolhas do trabalho.

116   Luigi d'Alonzo | A diferenciação didática para a inclusão

1. O objetivo da atividade
O que ensinar?

2. Avaliação
Como detectar o aprendizado realizado?

3. Modalidade para prender/manter atenção
Como prender e manter a atenção dos alunos? Considerar necessidade, novidade, significados, emoções.

4. Fases
Como segmentar o percurso para envolver os estudantes?
"Cortar em pedaços e mastigar" (metáfora que indica a necessidade de proceder em pequenos passos e de permanecer na atividade com exercício).

Fase 1:
Fase 2:
Fase 3:

5. Qual estratégia usar? Busque uma ou mais das seguintes opções

Brainstorming	Discussão	Concepção	Exames	Jogos
Humor	Organizadores gráficos	Manipulação	Experimento prático	Metáforas e analogias
Instrumentos de memorização	Movimento	Música	Projetos	*Role play*
Problemas a resolver	Tutoria entre pares	Aprendizagem cooperativa	Dramatização	Paródias
Narrações	Instrumentos tecnológicos	Ilustrações	Textos escritos e diários	Trabalhos em dupla
Suporte	Tarefas de realidade	Ritmos	*Rap*	Rimas
...	...	...	...	...

Fig. 5.1 Exemplo de folha de planejamento para a diferenciação didática (Appelbaum, 2011).

3. Favorecer a construção social do aprendizado

A diferenciação didática não consiste em diferenciar a proposta formativa sempre para todos os nossos alunos: isso não seria pensável, mas, sobretudo, não seria correto. A vida em sala de aula necessita de um equilíbrio justo entre atividades comuns e tarefas diversificadas, tornadas possíveis por um clima social positivo do qual já falamos.

5 | A diferenciação em sala de aula

Para aderir à diferenciação didática, o professor precisa, de modo preventivo, estimular nos alunos o conhecimento de que a realidade escolar se baseia nos objetivos educativos e didáticos essenciais, úteis para cada um, assim como significativos para a turma toda, e na participação ativa de todos. Esforço pessoal e comunitário são ambos relevantes e estão estritamente ligados; de fato, a vida de cidadão atualmente precisa se exprimir em atividades sociais e produtivas importantes, seja para o indivíduo, seja para a comunidade inteira. Um país só pode progredir se todos os cidadãos tiverem consciência de que o bem pessoal passa pelo esforço social; bem pessoal e bem social, então, são as faces de uma mesma moeda, indispensáveis um para o outro, geradores da consciência de que, neste mundo, nenhuma pessoa é uma ilha, mas que, pelo contrário, para realizar-se de forma plena, ela deve aprender a ser membro positivo da sociedade. A escola, desde os primeiros níveis, pode contribuir com isso ensinando como se tornar cidadão, responsável, competente e profundamente humano.

4. Subdividir a turma o mais rápido possível

William Bender (2012) sugere diferenciar as atividades passando rapidamente do trabalho em grupo grande para os pequenos, os quais podem ser homogêneos ou heterogêneos de acordo com o tipo de atividade que os alunos devem enfrentar; é bom, depois, variar os trabalhos passados de grupo em grupo que podem se tornar tradição, se forem bem administrados e conduzidos, e reentrar no cotidiano de uma vida em sala na qual mais atividades se desenvolvem contemporaneamente.

5. Não planejar apenas uma atividade, mas, sim, prever duas ou três

O professor que acredita na diferenciação sabe que, quase sempre, não basta planejar uma única atividade em relação a um determinado conteúdo. Os alunos são diversos, aprendem de forma diversa, têm tempos diversos e, por isso, necessitam de uma multiplicidade de modos, comunicações, tarefas, testes para apropriar-se do aprendizado. Apenas uma experiência de aprendizagem não basta.

6. Usar contemporaneamente várias atividades diferenciadas

No tempo disponível é bom segmentar a proposta em várias atividades, de forma que todo aluno possa encontrar satisfação para as próprias necessidades pessoais. A flexibilidade está na base da diferenciação e oferece oportunidade a todos os estudantes para poder variar, caso necessário, a própria tarefa.

7. Modificar o plano de trabalho criando alternativas

No planejamento diversificado, precisamos ter em mente as diversidades de estilo de aprendizagem do grupo e buscar alternativas que cruzem e satisfaçam as necessidades diferentes.

8. Envolver de modo emocional os estudantes

As propostas didáticas diferenciadas têm necessidade de serem apresentadas com ênfase, com paixão, com ímpeto, de forma que os alunos possam compreender seu valor e ser afetados também emocionalmente pelo vigor, pela intensidade, pela motivação que veem no seu professor.

9. Usar a diferenciação didática para trabalhar de forma inclusiva

Trabalhar com o modelo de diferenciação didática significa operar de forma inclusiva. O aluno com problemas é conhecido, respeitado e suas necessidades são satisfeitas quando as propostas formativas são elaboradas com essa intenção. Nesse modelo, além do mais, o sujeito com déficit ou com problemas não é mortificado por uma ação educativo-didática individualizada e diferenciada apenas para ele, mas reentra no interior de uma prospectiva projetual mais vasta em que é tradição personalizar e diferenciar percursos e atividades para todos.

10. Prever algumas lições do tipo tradicional

No modelo da diferenciação, a rigidez não é contemplada, por isso também algumas modalidades da didática tradicional são compatíveis com uma vida em turma baseada nessa metodologia. A li-

5 | A diferenciação em sala de aula

ção introdutória para toda a turma pode ser, em alguns momentos, oportuna, dependendo do programa idealizado; a interrogação na mesa, se for bem conduzida, pode resultar em uma opção válida em algumas ocasiões do ano escolar; as avaliações escritas generalizadas podem também reentrar num plano didático anual útil para todos.

11. Elaborar um monitoramento contínuo

No modelo da diferenciação didática é fundamental a avaliação contínua dos processos e dos aprendizados. A observação e a análise nos dizem que, quase nunca, nas nossas escolas, foi atuada uma autêntica avaliação, propensa ao melhoramento e à qualidade e funcionalidade da troca e à reelaboração; com mais frequência, na nossa tradição didática, as avaliações, as verificações, foram, e ainda são, experiências frequentes, recorrentes, cheias de expectativas e tensões, às quais foi atribuída uma importância que vai além de um mero dado e se conota de significados que afetam profundamente a própria construção da identidade do estudante, que vive sobretudo o aspecto julgador e sancionatório da avaliação e não o descritivo e formativo. De forma habitual, as avaliações são programadas para o fim de uma unidade de aprendizado, ou no fim de um certo período escolar (por exemplo, trimestre), distribuídas ao longo do ano, independente dos percursos projetados; quase sempre têm como fim a medida simples do conhecimento e oferecem ao docente elementos úteis para o controle da preparação do aluno e para propor, no fim do ano escolar, uma avaliação que, sempre, reflete a média das notas dadas.

No modelo da diferenciação didática, por sua vez, o monitoramento é contínuo, o docente, consciente da importância de saber constantemente o que os próprios alunos estão aprendendo, verifica seus conhecimentos e habilidades nas prestações cotidianas, não só em produções conclusivas, o que lhe permite abordar uma correta elaboração didática diferenciada. A necessidade de saber quem, na sua turma, está confuso ou desorientado nas atividades; quem, pelo contrário está plenamente fisgado nos aprendizados; quem está de forma decisiva para trás porque não compreendeu determinados trechos nodais; quem demonstrou chegar imediatamente às conclusões da tarefa com facilidade demanda ao professor que predisponha de muitas atividades no interior das quais, de modo formal e/ou informal, se possa verificar a eficácia do ensino e o avanço em determinados aspectos da competência.

Todas as informações, as provas, os testes são úteis para ter sempre claro a "posição" de cada um dos alunos em relação à tarefa programada e à construção de conhecimento, habilidade e competência, com o intuito de modificar, redefinir ou até trocar a proposta formativa previamente idealizada, de tal maneira que responda com prontidão às suas exigências ou necessidades. Quando o professor, graças à sua própria abordagem didática, consegue entender na hora se um estudante está com dificuldade na proposta apresentada, logo pode modificá-la, acrescentar explicações, fornecer estratégias, sugestões para ajudá-lo a avançar no processo que tomou. O que lhe permitirá, além disso, ter um quadro do sujeito sempre atualizado, com um perfil pessoal real, e compreender quais sãos seus interesses atuais, para ancorar neles as atividades de aprendizagem cativantes, estimulantes e realizáveis com sucesso. A avalição e a instrução são inseparáveis, representam um binômio que alimenta um circuito virtuoso de grande importância para propor aos alunos percursos de crescimento direcionados e alinhados com suas exigências, visando à promoção e ao avanço e, então, atentas às apreensões, aos tropeços, aos impasses, aos atrasos, às quedas, às quais, o professor atento, competente e responsável não deverá nunca se resignar.

Estratégias úteis para a diferenciação didática

A diferenciação didática demanda exclusivamente determinadas estratégias? É necessário propor aos alunos apenas modalidades específicas de trabalho a fim de evitar problemas na condução da turma? A resposta é não.

5 | A diferenciação em sala de aula

Na educação e na formação, quase nunca, um dado método produzirá, caso usado, um resultado certo e determinado. A lógica da educação refuta o determinismo e se coloca sempre numa prospectiva onde a "certeza" do êxito emerge como uma categoria precária e flexível. O coração do ser humano é imperscrutável e não chegará nunca a entender bem a profundidade das suas emoções e das suas razões; exatamente por isso essa educação assume um valor cada vez mais decisivo neste mundo tão difícil e desorientador. Apesar de sua impenetrabilidade e de seus mistérios, o ser humano tem uma única chance à disposição para modificar melhor si próprio e sua vida: encontrar a educação, ou seja, deparar-se com contextos educativos válidos, cruzar ao longo da estrada com educadores capazes de fazer a diferença, professores plenos de paixão para "atingir" positivamente o coração dos alunos, capazes de indicar caminhos idôneos e de valor para sua existência. A diferenciação didática, então, não tem receitas a propor, mesmo que as experiências efetuadas e os estudos feitos nos digam que determinadas estratégias, se usadas de forma correta, possam funcionar.

As mais interessantes, na nossa opinião, são as seguintes:

- o emprego acurado e periódico das *estações*;
- a predisposição de *centros de aprendizagem* e de interesses estáveis;
- o uso frequente de *tabelas de opções*;
- o hábito de trabalhar com ajuda de *organizadores gráficos*;
- beneficiar-se metodicamente das atividades dos *grupos flexíveis*;
- o uso regular da *estratificação*.

As estações

Na turma, é possível criar diversos espaços de trabalho em que os alunos são convidados a trabalhar com atividades diferentes. A flexibilidade, característica constante da diferenciação didática, se combina com a adaptabilidade, relativa às necessidades do am-

122 Luigi d'Alonzo | A diferenciação didática para a inclusão

biente e das pessoas; o que significa que essas áreas operativas e dedicadas a particulares atividades podem ser fixadas por todo o ano escolar ou organizadas apenas num período específico, ligadas, então, às experiências de aprendizagem em curso. A localização desses espaços pode ser variável e distinguível também com nomes específicos, símbolos ou pastas capazes de indicar não apenas o lugar, mas também as atividades previstas. Nessa estratégia, é absolutamente importante que todo aluno possa ter experiências diretas em todas as estações previstas, uma vez que, ao planejar a atividade em curso, o docente prevê um percurso flexível para todos, mas, num certo sentido, também obrigatório para cada um.

O objetivo das estações é permitir aos alunos efetuarem experiências diversas de trabalho, de estudo, de reflexão, mas sempre numa dimensão comunitária. Nessas áreas, eles trabalham em grupos que necessariamente não podem ser fixos, mas flexíveis, comunidade de práticas que se constituem com base nas tarefas e nos interesses. A permanência nessas zonas de trabalho é também variável, alguns alunos podem permanecer numa determinada área dedicada por tempo diverso, alguns não, em relação às peculiaridades e às necessidades específicas das pessoas. O que é de fato importante é que eles se habituem a operar numa condição de trabalho de turma onde a diferenciação didática, as atividades diferentes representem um hábito, uma normalidade. Podemos ter na sala de aula diversas áreas dedicadas[20]:

- *a estação com o professor,* em que o aluno ou um pequeno grupo de alunos tem um contato direto com o docente, o qual pode trabalhar com atividades particulares que podem abranger o ensino puro, a verificação e a avaliação individual ou em grupo, a consolidação da aprendizagem, a reflexão educativa e social, a programação das atividades etc.;

---

20. Sobre o trabalho de estações como metodologia da didática aberta, cf. Demo (2016) (em particular, as páginas 63-75).

5 | A diferenciação em sala de aula

- *a estação de prova*, em que um grupo de alunos se exercita com atividades práticas para pôr em ação determinados aprendizados, transcrevendo ou desenhando em cartazes úteis para a atividade em questão, encarando em grupo atividades manipulativas alinhadas com os objetivos previstos no percurso proposto;
- *a estação do projeto*, onde os estudantes podem encontrar uma área dedicada ao planejamento comunitário das atividades;
- *a estação do estudo*, em que os alunos têm a oportunidade de usufruir de uma área idônea ao estudo individual ou coletivo;
- *a estação das verificações*, na qual os diversos grupos de alunos podem comparar os resultados de seus esforços em sala ou em casa e propor suas reflexões teóricas ou práticas.

Os centros de aprendizagem e os centros de interesse

A diferença entre as estações e os centros tem a ver com o plano didático em curso. Nas estações, mesmo em relação às próprias propensões e atividades, é obrigatório se esforçar em cada uma das áreas previstas porque todas são funcionais na atividade de aprendizado elaborada. Os centros, por sua vez, podem ser independentes e não ligados necessariamente a uma atividade unitária para a turma toda. Eles são de dois tipos: centros de aprendizagem e centros de interesse. Os primeiros são idealizados e promovidos para sustentar e reforçar determinados aprendizados nos alunos, enquanto os segundos têm como finalidade apoiar e promover os interesses e as paixões dos estudantes por atividades particulares ou por determinados assuntos culturais, sociais, esportivos etc. Em geral, porém, os centros deveriam (Tomlinson, 2006, p. 76):

- Focar importantes objetivos de aprendizagem.
- Conter materiais que estimulem o crescimento de cada aluno na obtenção dos objetivos.
- Usar atividades úteis para satisfazer as necessidades particulares de cada sujeito.

- Incluir atividades que variem do simples ao complexo, do concreto ao abstrato, da atividade estruturada à não estruturada.
- Prever direções claras para os alunos; o plano de trabalho, os processos e as metas finais devem ser conhecidos pelos estudantes.
- Oferecer instruções e apoio em cada pedido de ajuda da parte do sujeito.
- Indicar o que fazer quando o aluno considera ter completado a atividade.
- Contemplar um sistema de monitoramento, a fim de que o docente entenda o andamento e a presença de cada um nos vários centros.
- Consentir uma avaliação de cada um dos estudantes depois da presença deles nos centros.

Uso de tabelas de opções

Se usadas de forma correta na turma, as tabelas de opções podem ser uma ajuda válida para a diferenciação didática. Elas têm a finalidade de dar oportunidade aos alunos de escolherem um percurso de aprendizagem autônomo num plano de trabalho pré-fixado. São apresentadas aos alunos as atividades em uma estrutura visual, quase sempre em uma tabela subdividida em células, um cartaz grande, uma imagem projetada numa parede ou exposta na LIM, sobre as quais são indicadas diversas tarefas que, em sala, podem se desenvolver. O aluno tem a possibilidade de decidir quais esforços escolher, a quais atividades se dedicar entre as previstas e apresentadas pelo docente na tabela. A estratégia de usar as tabelas pode ser muito útil, também, para ajudar os alunos na aprendizagem ou como modalidade que lhes permite demonstrar ter alcançado os objetivos propostos. Um instrumento usado com frequência para as metas descritas é o apresentado na Figura 5.2, constituído por nove células e que lembra o típico jogo de "Tris". A atividade que se apresenta foi idealizada para alunos de uma turma do Ensino Fundamental I.

5 | A diferenciação em sala de aula

Leia o trecho da pág. à pág. e procure as palavras com letras duplicadas.	Preencha as frases incompletas com palavras que tenham letras duplicadas.	Corrija as palavras escritas de forma errada (podem conter duplicadas).
Invente frases usando as palavras indicadas.	Leia as palavras com letras duplicadas, procure com cores diferentes as com 1, ou 2, ou 3 letras duplicadas.	Soletre as palavras com letras duplicadas escritas na folha, primeiro batendo as palmas, depois escrevendo as letras no caderno.
Crie uma palavra cruzada formando palavras com as letras duplicadas.	Procure e escreva no caderno palavras que troquem de significado com ou sem letras duplicadas.	Escreva no caderno palavras com as letras duplicadas relativas a casa (ex.: *lotto*), à escola (ex.: *cartelloni*), a esporte (ex.: *pallacanestro*)[21].

Fig. 5.2 Exemplo de tabela de opções com nove células.

Como num jogo normal de habilidade, os alunos são apresentados, nessa tabela, a nove células, assim como atividades que os estudantes podem efetuar. Eles, depois de vê-las, podem escolher as que preferem ou optar pelas três horizontais ou pelas três verticais etc.: as variantes podem ser inúmeras.

Uso dos organizadores gráficos

Com muita frequência, os organizadores gráficos, os mapas conceituais, os diagramas são usados pelos docentes para ajudar os alunos na aprendizagem, e, sobretudo nos últimos anos, são considerados uma ajuda válida para demonstrar o próprio aprendizado

---

21. Muitas palavras na língua italiana têm letras duplicadas e estas podem determinar o significado da palavra [N.T.].

aos outros. Os alunos com TEAp, mas não apenas eles, encontram, por exemplo, enormes benefícios pessoais ao construir e se referir a esses organizadores que, por via de pistas processuais e mapas de conhecimento, consentem alcançar níveis de padronização de outra forma inalcançáveis.

Os organizadores podem ser extremamente úteis para a diferenciação didática assim como, se bem usados, permitem aos alunos sistematizarem e organizarem as informações, visualizarem de forma oportuna e compreenderem com mais facilidade as relações existentes entre os conceitos, recordar e aplicar com mais rapidez as informações recebidas e os processos tomados; especialmente favorecem uma elaboração didática pessoal diferenciada. Todo sujeito pode construir o próprio organizador gráfico e completá-lo com as próprias reflexões individuais, de pequeno grupo ou de grande grupo. Com muita frequência, os estudantes escolhem o próprio modelo, o mais adequado e agradável. Vejamos a seguir alguns exemplos das principais tipologias de organizadores gráficos.

1. *O diagrama de Venn*: é muito indicado para representar visualmente as relações entre conjuntos e para representar com mais facilidade as implicações lógicas (Figura 5.3).

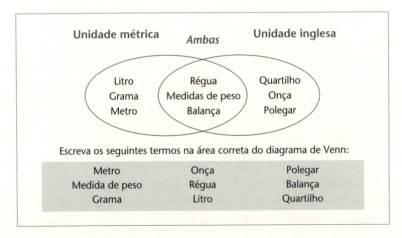

Fig. 5.3 Exemplo de diagrama de Venn da comparação entre os sistemas ingleses e métrico decimal (Baxendell, 2003, p. 486).

2. *O modelo de Frayer*: é um organizador útil para a compreensão e aprendizagem conscientes, ligado ao pré-conhecimento (Figura 5.4).

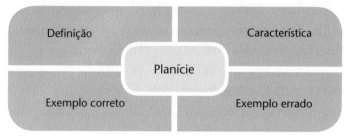

Fig. 5.4 Modelo de Frayer.

3. *KLW Chart*: é um organizador que ajuda o aluno a determinar o que conhece do assunto apresentado (na primeira coluna), o que deseja aprender (na segunda coluna) e o que efetivamente aprendeu (na terceira coluna) (Figura 5.5).

O que sei	O que devo aprender	O que aprendi
...	...	...

Fig. 5.5 Exemplo de KWL Chart.

4. *Diagrama de fluxo*: instrumento para descrever graficamente um processo, ou outras consequências, com suas variantes (Figura 5.6).

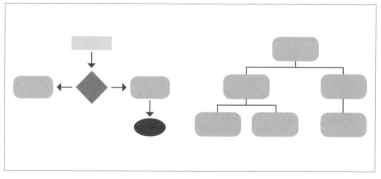

Fig. 5.6 Exemplos de diagramas de fluxos.

Os grupos flexíveis

Administrar a turma subdividida em grupos é um dos pré-requisitos da diferenciação didática.

O trabalho individual tem sempre direito de cidadania entre as atividades propostas em turma, mas os métodos que estimulam o trabalho cooperativo e comunitário como a tutoria entre pares, o pequeno grupo e a aprendizagem cooperativa são os mais indicados para trabalhar com a diferenciação didática.

O professor que decide usar a tutoria entre pares pode, de fato, permitir-se propor a mais alunos atividades e tarefas diferentes contemporaneamente. O trabalho em turma com esse método, se bem abordado, demanda aprender com a ajuda dos colegas e na hora se mostra bastante estimulante. De fato, a ajuda recíproca melhora o aprendizado e as ligações, melhor, a interdependência que se estabelece satisfaz aquela necessidade de relação que os teóricos da motivação escolar desde sempre veem como condição do sucesso. Quando os alunos trabalham juntos em aula, quando se esforçam em dupla ou em pequenos grupos na realização de um projeto, a presença de um tutor reconhecido reassegura e demanda o investimento ativo, as experiências se tornam praticáveis e a codivisão do trabalho permite aderir a um esforço comum permitindo que os sujeitos "menos preparados" tenham resultados, graças também à ajuda dos colegas.

Mas com frequência encorajamento e bom-senso não bastam; precisamos adotar algumas estratégias:

- Individualizar um objetivo específico sobre o qual trabalhar.
- Definir tempos e modalidades de trabalho.
- Escolher entre os alunos quem tem a função de tutor e lhe propor a atividade de ajuda precisando os procedimentos e as modalidades.
- Explicitar as finalidades do trabalho, de forma que estimule a motivação para alcançá-las.

5 | A diferenciação em sala de aula

A tarefa do professor é agir de forma que todos vivenciem a função do tutor, não apenas aqueles excelentes.

A aprendizagem cooperativa é uma metodologia muito conhecida; talvez, entre as metodologias de trabalho em sala, seja a que cobra maior interesse dos docentes, mas sua atuação é com frequência parcial, superficial, instrumental. Concordo com Calvani (*apud* Bonaiuti, 2016) quando alega que

> os professores ficam na hora surpresos quando revelamos a eles que termos como "*cooperative learning*" ou "aprendizagem metacognitiva", por eles inseridos num cenário predominantemente "espontâneo", demandam, por sua vez, intervenções guiadas para exercer nos alunos de forma sistemática e contínua a fim de conduzi-los a um autocontrole progressivo (p. 9).

Na base da aprendizagem cooperativa, temos um esforço colaborativo que tem como meta o aumento das habilidades pró-sociais dos estudantes, os quais, por meio de atividades cooperativas, vivenciam de forma prática o trabalho com os outros, a construção social dos aprendizados, mediante experiências cotidianas de trabalho unitário. Aprende-se a viver com os outros e a experimentar o sucesso formativo em grupo trabalhando com os colegas, respeitando a contribuição pessoal dos outros, aprendendo a colocar em discussão as próprias ideias, aceitando as dos colegas, propondo as próprias posições se forem consideradas válidas.

O papel do professor não é indicar caminhos ou soluções, pelo contrário, é manter um clima de trabalho rentável para todos, verificando com constância que os vários grupos ajam corretamente atuando com uma autêntica colaboração. Realmente, a aprendizagem cooperativa não é apenas um "trabalho em grupo", e sim uma verdadeira metodologia de aprendizado que demanda muita atenção e esforço contínuo da parte de todos os atores presentes em turma.

130 Luigi d'Alonzo | A diferenciação didática para a inclusão

> É uma modalidade de aprendizagem em grupo caracterizada por uma forte interdependência positiva entre os membros. Essa condição não se alcança nem reunindo os membros apenas, nem se limitando a estimulá-los na cooperação, nem lhes pedindo que produzam juntos um produto qualquer final. Ela, pelo contrário, é fruto da capacidade de estruturar de forma adequada o trabalho a passar para o grupo, de preparar os materiais necessários para o aprendizado e predispor das atividades para educar os membros nos comportamentos sociais pedidos, a fim de uma cooperação eficaz (Comoglio & Cardoso, 1996, p. 6.).

Como afirma Gagliardini (2008, p. 77), a aprendizagem cooperativa, se bem utilizada, pode:

- Melhorar a sensação de pertencimento dos alunos na turma.
- Incrementar a integração.
- Diminuir "a ânsia de prestação".
- Reduzir as problemáticas comportamentais (por exemplo, agressividade, *bullying*, negligência).
- Aumentar a motivação para o estudo.
- Consentir a obtenção de objetivos importantes de aprendizagem em relação à gradualidade e ao tempo de cada um.

A diferenciação didática combina bem com a aprendizagem cooperativa, para a qual são fundamentais as funções, seja na realização da tarefa (obtenção dos objetivos), seja na administração e no funcionamento do grupo. O emprego das funções no interior do grupo de trabalho colaborativo é de extrema importância porque ajuda os alunos a se gerirem e a respeitarem os outros enquanto trabalham numa tarefa precisa. As funções naturalmente trocam também em relação ao número dos componentes do grupo, mas, em cada caso, ficam sempre válidas aquelas que, de forma tradicional, Johnson *et al.* (1994/1996, p. 59) individualizaram em seu trabalho bastante renomado sobre a aprendizagem cooperativa (Tabela 5.2).

Tabela 5.2 – As funções nos grupos de aprendizagem cooperativa

Função	Ensino Fundamental I	Ensino Fundamental II	Ensino Médio
Controlar os turnos	Primeiro você, depois eu	Fazer o turno	Contribuir em sequência
Registrar	Escrever	Anotar	Registrar
Encorajar a participação	Dizer coisas agradáveis	Elogiar-se	Fazer observações positivas
Esclarecer, parafrasear	Repetir	Explicar com palavras próprias	Parafrasear
Concordar	Todos devem estar de acordo	Encontrar um acordo	Chegar a um acordo
Recapitular	Dizer as coisas mais importantes	Resumir	Sintetizar
Desenvolver opiniões	Dar uma outra resposta	Dar respostas adicionais	Fornecer respostas
Pedir motivações	Perguntar por quê	Pedir os motivos	Pedir motivações
Fornecer motivações	Dizer por quê	Fornecer fatos e motivos	Motivar

Também são muito interessantes algumas variantes encontradas na prática didática e na experiência. Por exemplo, constatamos pessoalmente a utilidade, no Ensino Fundamental I, das seguintes funções confiadas às crianças nos trabalhos de grupo cooperativo:

- *O vigia,* ou seja, aquele que garante que todos desenvolvam a tarefa dada, participem, intervenham conforme os turnos estabelecidos.

- *O carteiro,* ou seja, aquele que busca os materiais e os distribui, uma espécie de "ponte" entre os grupos e o professor.

- *O silenciador/temporizador,* aquele que controla o volume da voz dos componentes do próprio grupo e monitora o transcorrer do tempo informando aos colegas e solicitando que permaneçam nos tempos estabelecidos.

- *O porta-voz,* aquele que resume as ideias e os pensamentos do grupo, comunica ao professor ou à turma as decisões divididas pelos colegas e a conclusão do trabalho feito.

Atividades exemplares

O percurso de aprendizagem de um ano escolar pode ser pontuado em etapas, sem dúvida, funcionais para a construção dos saberes, mas úteis sobretudo para a aquisição, para o amadurecimento e uso de estratégias para aprender a aprender e de habilidades sociais para a construção cooperativa dos saberes. Nessas etapas, e não apenas nelas, é oportuno considerar a metacognição e a reflexão sobre o que se aprendeu e sobre como se trabalhou.

Nas páginas que se seguem, apresentamos um exemplo dessas fases[22], referido a um possível currículo de história para uma turma do 5º ano do Ensino Fundamental I. As atividades propostas preveem ser resolvidas em dupla ou em grupos pequenos.

---

22. Retiradas e adaptadas do *Quaderno operativo Storia e Geografia Uno per tutti – Classe V,* seção aos cuidados de Cedisma, "Para todos e para cada um", Novara, De Agostini, 2016.

5 | A diferenciação em sala de aula

Cada etapa/atividade abrange quatro áreas de competências: *Aprender junto, Trabalhar com método, Habilidade em jogo, Reflexão*. As primeiras duas "janelas" de abertura indicam como agir, gradual e progressivamente, para a construção social da aprendizagem e para a construção e sintetização do método de estudo. A janela "Aprender junto" oferece indicações e instruções que ajudam os alunos a prosseguirem no trabalho em dupla ou em grupo; existem outras funções indicadas para a aprendizagem cooperativa.

A janela nominada "Trabalhar com método" apresenta, por sua vez, algumas estratégias para aprender a aprender, úteis para evitar confusão e para tornar sólidos os aprendizados.

Toda atividade termina com a janela metacognitiva "Reflexão": há alternância entre reflexões centradas exclusivamente na tarefa e reflexões relativas também ao trabalho em grupo.

Página 1

PARA TODOS E PARA CADA UM – TURMA 5 (TRABALHO EM DUPLA)

APRENDER JUNTO	TRABALHAR COM MÉTODO
Trabalhem em dupla hoje; cada um escolhe uma destas funções: • porta-voz; • silenciador/temporizador. Decidam se é necessário introduzir alguma outra função. Qualquer destas: • Controle a posição do próprio corpo. • Controle a ordem da própria mesa. • Preste atenção em não ocupar o espaço dos outros. • Fale baixo. • Esforce-se para respeitar os tempos.	Seu trabalho/estudo deve ser agradável e eficaz, então é necessário que cada um de vocês: • Dê uma olhada preliminar na página para entender a função do texto. • Analise as imagens ou os esquemas. • Leia o título e o subtítulo; • Leia as legendas. • Relembre conhecimentos anteriores e criem hipóteses. • Troque as próprias ideias com o companheiro ou companheira.

HABILIDADE EM JOGO

As necessidades fundamentais dos seres humanos. Perguntas que nascem das exigências primárias, vitais, que têm necessidade absoluta de serem satisfeitas.

Aprendemos que, durante os milênios, as sociedades humanas cresceram e se transformaram, mas as necessidades fundamentais dos humanos permaneceram sempre as mesmas. Da pré-história aos dias de hoje, os seres humanos responderam de forma diversa, procuraram soluções, fizeram descobertas e realizaram invenções. Desse modo, aconteceram muitos melhoramentos na sua vida e na sociedade. Essa evolução se chama P _ _ _ _ _ _ _ O.

Insira na tabela as respostas dadas pelos homens e pelas mulheres que viveram nas cidades da Grécia antiga em relação às necessidades fundamentais. Escolha texto ou desenho.

Necessidades	Atividade	Resposta às necessidades
Nutrir-se	Procurar comida	
Abrigar-se	Procurar casa	
Proteger-se	Procurar vestimentas e tratamentos	
Pensar em ideias para viver melhor	Procurar ou construir objetos e ferramentas	
Não se sentir só	Viver em sociedade	
Exprimir-se e entender	Falar, desenhar e escrever	
Conhecer e aprender	Transmitir conhecimento e habilidade	
Acreditar	Dirigir-se a uma divindade, criar ritos e cerimônias	

REFLEXÃO

Completem colocando uma cruz em uma das caixas.

	... entender melhor o assunto	... entender que devo rever algumas partes	... entender que preciso de outras explicações
O trabalho foi útil para...			

5 | A diferenciação em sala de aula

Página 2

PARA TODOS E PARA CADA UM – TURMA 5 (TRABALHO EM DUPLA)

APRENDER JUNTO	TRABALHAR COM MÉTODO
Trabalhem em dupla hoje; cada um escolhe uma destas funções: • vigia; • carteiro. Decidam se é necessário introduzir alguma outra função. Qualquer destas: • Controle a posição do próprio corpo e a ordem da mesa. • Respeite o espaço próprio e dos outros. • Fale baixo. • Esforce-se para respeitar os tempos. • Escute o outro sem interrupção. • Intervenha com clareza, sustentando as próprias ideias e apreciando as dos outros.	Seu trabalho/estudo deve ser agradável e eficaz, então é necessário que cada um de vocês coloque em ação os primeiros passos do método de estudo e depois: • Leia, primeiro sozinho e depois com o colega, identificando palavras novas ou de significado incerto. • Esclareça o significado com o colega. • Releia com o colega identificando os trechos do texto e sublinhando as informações principais. • Troque ideias ou questões com o colega. • Leia o título e o subtítulo. • Leia as legendas. • Relembre os conhecimentos anteriores e formule hipóteses. • Troque as próprias ideias com o colega.

HABILIDADE EM JOGO

Na posição dos… estudantes atenienses

Projetar uma colônia significa envolver uma parte notável da população, às vezes até os escravizados, que no "novo mundo" podem esperar um futuro melhor. Precisa-se, então, de arquitetos que projetem a planta da cidade, de trabalhadores e pintores que realizem as obras públicas e privadas, de legisladores e políticos de profissão que constituam a futura classe de governo da nova realidade dos cidadãos, dos artesões e comerciantes, agricultores e pescadores: na grande façanha da fundação de uma colônia, há necessidade de todos…
(da Enciclopedia dei ragazzi – Treccani.it)

Agora imaginem que são dois jovens atenienses do século VIII; escolham um nome entre os seguintes: Adone, Arianna, Elio, Cinzia, Leandro, Selene.

O tio Sócrates está se preparando para partir com uma nave fornecida pela *polis*: com outros homens buscará terras férteis para fundar uma colônia. Vocês estão entusiasmados com essa aventura e desejam ajudá-lo sugerindo quem e o que levar, o que fazer, após a fundação da colônia, para difundir a cultura grega. Recordem também quem é oportuno consultar antes de realizarem um empreendimento tão importante. Escrevam num pergaminho suas sugestões e concluam exprimindo seu desejo de alcançá-lo o mais rápido possível.

REFLEXÃO

Completem colocando uma cruz em uma das caixas.

	... entender melhor o assunto	... entender que devo rever algumas partes	... entender que preciso de outras explicações
O trabalho foi útil para...			

	...foi fácil	... me demandou esforço	...me cansou	... foi difícil
Falar baixo...				
Escutar o outro sem interromper...				

Página 3

PARA TODOS E PARA CADA UM – TURMA 5 (TRABALHO EM DUPLA)

APRENDER JUNTO

Trabalhem em dupla hoje; cada um escolhe uma destas funções:

- porta-voz;
- silenciador/temporizador;
- vigia;
- carteiro.

Escolham juntos um nome para o grupo (tempo: 5 minutos):

_____

Cada um, durante a atividade:

- Respeite a própria função e a dos outros.
- Busque se mover e se comportar em silêncio; fale baixo e escute os outros.
- Controle o impulso de intervir e comunique com clareza, sustentando as próprias ideias, apreciando as dos outros e acolhendo os pontos de vista de todos.
- Respeite os tempos.

TRABALHAR COM MÉTODO

Seu trabalho/estudo deve ser agradável e eficaz, então é necessário que cada um de vocês coloque em ação os primeiros passos do método de estudo e depois:

- Leia para entender (busque os significados) e releia para compreender (partes do texto, informações mais importantes, palavras-chave a memorizar etc.).
- Troque as próprias ideias ou questões com os colegas e anote com eles pontos ou dúvidas em um *post-it* ou folheto.
- Participe da construção de um esquema que abranja as informações principais.

HABILIDADE EM JOGO

Construir um mapa de sínteses e verbalizá-lo.

O mapa é um instrumento de resumo e organização dos conhecimentos.

Releiam a página de síntese do manual sobre Macedônia relativo ao povo de Macedônia e construam, numa cartolina, um grande mapa que seja resultado da união de quatro mapas menores, cada qual realizado por um grupo; esses mapas devem fornecer informações sobre quatro aspectos da reconstrução histórica: um grupo se ocupará do quando, um grupo do onde, um grupo se dedicará a o que e um grupo ao porquê.

- Os quatro mapas deverão conter as informações principais, algumas imagens os acompanhando e algumas palavras de conexão entre as flechas. Podem criar várias ramificações.
- Dividam as tarefas de forma a completar o trabalho em uma hora e trinta minutos.
- Antes de prosseguirem com a realização do mapa, decidam juntos como proceder, trocando hipóteses e ideias.
- No fim, apresentem seu trabalho à turma e façam um mapa grande único.

REFLEXÃO

Completem colocando uma cruz em uma das caixas.

	... entender melhor o assunto	... entender que devo rever algumas partes	... entender que preciso de outras explicações
O trabalho foi útil para...			

PÁGINA 4

PARA TODOS E PARA CADA UM – TURMA 5 (TRABALHO EM DUPLA)

APRENDER JUNTO

Trabalhem em dupla hoje; cada um escolhe uma destas funções:
- porta-voz;
- silenciador/temporizador;
- vigia;
- carteiro.

Escolham juntos um nome para o grupo (tempo: 5 minutos):

TRABALHAR COM MÉTODO

Seu trabalho/estudo deve ser agradável e eficaz, então é necessário que cada um de vocês coloque em ação os primeiros passos do método de estudo e depois:

- Leia para entender (busque os significados) e releia para compreender (partes do texto, informações mais importantes, palavras-chave a memorizar etc.).

5 | A diferenciação em sala de aula

Cada um, durante a atividade:

- Use as habilidades sociais, controle o impulso de intervir e comunique com clareza, sustentando as próprias ideias, apreciando as dos outros e acolhendo os pontos de vista de todos.

- Busque permanecer na tarefa até o fim sem se desencorajar.

- Busque com os outros soluções e dicas para superar as dificuldades.

- Troque as próprias ideias ou questões com os colegas e anote com eles pontos ou dúvidas em um *post-it* ou folheto.

- Participe da construção de um esquema que abranja as informações principais.

- Tente resumir para os colegas de grupo o que você aprendeu.

HABILIDADE EM JOGO

O jogo de memória dos povos da Itália antiga.

Hoje se brinca, mas no passado... construam seu jogo, seguindo instruções simples; trata-se de um jogo de memória em que o objetivo é associar ao nome de um povo que se instalou antigamente na Península Itálica uma ou mais características que o distinguem.

Instruções:

- Preparem vinte peças quadradas, todas da mesma cor e da mesma dimensão.

- Escrevam em dez peças os nomes dos povos itálicos (cada um numa única peça: Veneti, Camuni, Liguri, Etruscos, Villanoviani, Italicos, Apuli, Messapi, Sardos, Sicanos.

- Em cada uma das peças escrevam uma característica para cada povo, sem escrever seu nome. Podem consultar o livro.

Agora estão prontos para jogar... com as peças de outro grupo!

- Distribuam as peças cobertas.

- Por turno, virem duas peças, se virem uma associação entre o nome do povo e a característica, ganharam duas peças, mas antes devem dar outras informações relativas àquele povo; os colegas que estabelecerão se podem considerar suas as peças.

- O jogo retoma de quem acabou de ganhar as duas peças.

Variante: as peças podem ter duas cores, para simplificar o jogo, uma cor para os povos, outra para suas características.

REFLEXÃO

Completem colocando uma cruz em uma das caixas.

	... entender melhor o assunto	... entender que devo rever algumas partes	... entender que preciso de outras explicações
O trabalho foi útil para...			

PÁGINA 5

PARA TODOS E PARA CADA UM – TURMA 5 (TRABALHO EM DUPLA)

APRENDER JUNTO

Trabalhem em grupo hoje; cada um escolhe uma função.

Escolham juntos um nome para o grupo (tempo: 5 minutos):

_____

Cada um, durante a atividade:

- Use as habilidades sociais, controle o impulso de intervir e comunique com clareza, sustentando as próprias ideias, apreciando as dos outros e acolhendo os pontos de vista de todos.
- Use bem o tempo a disposição.
- Busque permanecer na tarefa.
- Comunique de forma clara e completa.
- Busque soluções e dicas para superar a dificuldade.
- Busque aprender se divertindo e criando um clima de bem-estar.

TRABALHAR COM MÉTODO

Seu trabalho/estudo deve ser agradável e eficaz, então é necessário que cada um de vocês coloque em ação os primeiros passos do método de estudo e depois:

- Leia para entender (busque os significados) e releia para compreender (partes do texto, informações mais importantes, palavras-chave a memorizar etc.).
- Troque as próprias ideias ou questões com os colegas e anote com eles pontos ou dúvidas em um *post-it* ou folheto.
- Participe da construção de esquemas, mapas, tabelas, dicas, listas etc., úteis para a memorização.
- Tente responder às perguntas dos colegas do grupo para expor aquilo que aprendeu.

5 | A diferenciação em sala de aula

HABILIDADE EM JOGO

O jogo de memória dos povos da Itália antiga.

Aprendemos que uma civilização nasce quando um povo se reconhece em determinadas atividades produtivas (os diversos ofícios), culturais (escrever, decorar, transmitir o conhecimento), religiosas (pregar e organizar ritos e cerimônias) e sociais (comandar, combater, organizar a sociedade...) e trabalha a favor do seu progresso.

• Considerando os aspectos evidenciados, imaginem-se subindo numa máquina do tempo e alcançando quatro destinos diversos; etapa após etapa, entrem na vida das comunidades que encontram e registrem numa página as suas observações, respondendo a algumas perguntas (podem consultar seu livro). No fim da viagem, coloquem algumas perguntas ao interno do grupo para verificar seus conhecimentos e escolham quatro questões para fazer aos outros grupos a fim de dividir as observações efetuadas.

No fim, apresentem seu trabalho à turma e criem um mapa único grande. Essas são as etapas da viagem:

1. Colle Palatino, século VIII a.C.   3. Roma, século VI a.C.
2. Tarquinia, século VII a.C.   4. Roma, século V a.C.

Desenhem uma máquina do tempo e insiram uma legenda

Folha de registro das informações:

Aonde chegamos? _____

_____

Em que civilização? _____

_____

Quem encontramos? _____

_____

O que vimos?_____

_____

O que nos afetou? _____

_____

Por quê?_____

_____

142 Luigi d'Alonzo | A diferenciação didática para a inclusão

---

REFLEXÃO

Completem colocando uma cruz em uma das caixas.

	...entender melhor o assunto	...entender que devo rever algumas partes	...entender que preciso de outras explicações
O trabalho foi útil para...			

	...foi fácil	...me demandou esforço	...me cansou	...foi difícil
Comunicar de forma clara e completa...				
Terminar a tarefa sem desistir...				
Respeitar minha função e as dos outros...				

Diferenciar por camadas

No panorama das estratégias de diferenciação que se podem adotar em turma, as que favorecem a predisposição de atividade "em camadas" assumem um papel de destaque, com diversos níveis de complexidade e profundidade, com planos de trabalho sobrepostos, úteis para interceptar as diferentes exigências dos alunos.

O currículo em camadas [*layered curriculum*], idealizado nos anos de 1980 por Kathie Nunley (1997; 1998; 1999; 2001; 2002a; 2002b;), é talvez um dos mais notáveis e foi concebido considerando dois princípios pedagógicos que demandam do professor a tomada de consciência da importância da diferenciação didática: a individualização do ensino para estimular o aprendizado de todos e a natureza plural e múltipla das modalidades de apresenta-

5 | A diferenciação em sala de aula

ção das várias atividades. Outros pontos importantes do currículo em camadas são os seguintes:

- Permitir aos alunos escolherem as atividades. Trata-se de abordar uma proposta formativa em que a escolha do estudante possa combinar com seus estilos de aprendizagem. A sugestão é que essas oportunidades sejam propostas em média três vezes numa turma. As experiências e evidências mostram como o senso de autodeterminação é alimentado pela possibilidade de decidir autonomamente alguns aspectos do próprio esforço escolar: o que aumenta a motivação, o interesse e a determinação.
- Buscar incluir na oferta formativa várias tarefas e trabalhos de modo que todos os alunos, também os com dificuldades cognitivas maiores ou com lacunas culturais, possam ter sucesso empenhando-se na atividade adaptada às habilidades deles.
- A proposta didática pode incluir várias modalidades de apresentação, entre as quais: lições tradicionais, registros em vídeos, programas no computador, pesquisa bibliográfica, estudo em livros, apresentações filmadas etc.

As fases previstas pelo currículo em camadas são as seguintes:

Primeira fase: Favorecer a responsabilidade

Este currículo prevê que os alunos amadureçam a responsabilidade pessoal. As palavras, todavia, não são suficientes, os encorajamentos muito menos: é necessário permitir-se vivenciar uma experiência global de participação a fim de entender o quanto a vida em turma depende de cada um. O caminho indicado por Nunley é preciso: é necessário envolver os alunos nas propostas formativas. Periodicamente, o professor prospecta a toda a turma o programa que pretende realizar num certo período, e todos, a cada quinzena, recebem uma cópia dos objetivos e das atividades a realizar.

Segunda fase: A proposta de aprendizagem é dividida em três camadas (A, B, C)[23]

Cada uma dessas camadas apresenta planos de complexidade diferentes. O nível C é o mais baixo, em que o aluno confronta os aspectos basais do tema e este se torna acessível a todos os alunos. De fato, a camada C propõe múltiplas atividades para corresponder às exigências e necessidades dos alunos presentes no grupo: tarefas para os que têm uma predisposição prático-manual, filmagens para estudantes com atitudes visíveis, lições opcionais para os que têm um perfil funcional mais auditivo; para aqueles que preferem vivenciar o percurso de aprendizagem com um método tradicional são disponibilizados outros textos e documentos úteis para o aprofundamento e para a análise (Figura 5.7).

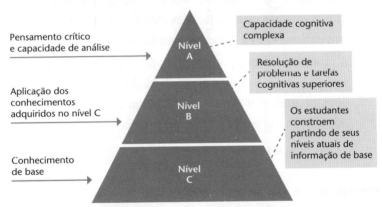

Fig. 5.7 Os três níveis do currículo em camadas.

Terceira fase: Criar o segundo nível (camada B)

Neste segundo estágio, pede-se aos estudantes que elaborem ou apliquem o que aprenderam no estágio C. Eles são convidados a gerir as informações e as aquisições em sua posse, usando-as, aplicando-as em vários contextos concretos ou abstratos, e a criar ou resolver problemas.

---

23. Daqui saiu o nome do modelo: *layers* [camadas]; cf. d'Alonzo (2004, p. 107).

5 | A diferenciação em sala de aula

Quarta fase: Chegada ao nível final (camada A)

É o estágio em que os alunos devem empregar as capacidades cognitivas mais elevadas e refinadas, sobretudo as relativas ao pensamento crítico. Os estudantes são convidados a executar pesquisas que têm como conclusões reflexões com ligações aprofundadas também a nível ético, moral e social. Naturalmente, os conteúdos não podem ser apenas acadêmicos, mas devem focalizar assuntos e temas da atualidade, bastante debatidos na sociedade e no mundo. O produto final demandado pode sintetizar-se num documento a ser expedido às autoridades políticas, ou num artigo de jornal a ser publicado, ou pode ser apresentado de forma oral para toda a turma.

Quinta fase: Avaliação da tarefa

É a fase final em que o trabalho desenvolvido pelo aluno é avaliado com uma apresentação direta, oral, ao professor. O aluno exibe seu trabalho e, na discussão com o docente, deve demonstrar ter alcançado os objetivos de aprendizagem.

Conclusões

A estratégia de diferenciar em camadas se resulta eficaz e pode ser usada em qualquer nível escolar. O currículo em camadas, em qualquer lugar em que foi adotado, "reduziu o número de alunos que fracassam no estudo, incrementou a motivação para o estudo nos estudantes e diminuiu drasticamente os problemas de gestão da sala de aula" (Nunley, 2002a, p. 61).

Conclusão

Vivemos em um mundo em mudança perene; a sociedade líquida que caracteriza o ambiente e as experiências trabalhadoras, relacionais, morais e religiosas tem origem exatamente na necessidade incessante do ser humano atual de acompanhar uma inovação contínua, global, às vezes avassaladora, que afeta cada uma das esferas do caminho pessoal de cada um. Precisamos trocar quase sempre de celular, de programas do computador, de carro, de roupa, até de trabalho; os nossos jovens agora são persuadidos a não mais buscarem o cargo "fixo", objetivo primário para uma geração inteira do passado recente. Os transtornos sociais atuais, com os fenômenos imigratórios e as ações terroristas recentes, levam até populações inteiras dos países ocidentais a modificarem o próprio modo de viver, ajustando a própria existência cotidiana a um alerta constante e preventivo de um perigo iminente possível, experiência que preocupa bastante a todos nós e que já torna possível prever seus efeitos com a adoção de comportamentos cada vez mais vigilantes e atentos em eventuais atitudes incomuns encontradas na vida de todos os dias.

A única realidade, ao que parece, imune à inovação é a escola: a única agência formativa potencialmente capaz de modificar para melhor o comportamento das pessoas, a fim de buscar a renovação da sociedade, é, por ironia do destino, a que, durante os séculos, permaneceu mais ou menos a mesma. Embora o esforço de muitos, os estudos, as pesquisas científicas, os experimentos, a escola, melhor, a vida em sala com seus ritos imutáveis, com a mesa de frente, com os livros a serem lidos por todos, juntos e ao mesmo tempo, com os assentos sempre mais ou menos na mesma posição, com as salas mais ou menos apertadas, mas, sobretudo, com uma didática que sempre continuou igual durante os anos, infelizmente é a triste realidade. Na escola com dificuldade em se renovar, encontramos sempre a prevalência das lições orais, das explicações destinadas ao grupo inteiro, das provas escritas e das interrogações periódicas, das avaliações somativas e pouco formativas, de um clima relacional ajustado à manutenção do controle disciplinar rigoroso e, sobretudo nas séries superiores, das contínuas alusões a rejeição.

É uma escola imutável em que as exigências de cada aluno quase nunca são levadas em consideração, e as atividades e propostas formativas e didáticas são elaboradas para uma hipotética "mente pensante média" com uma falta evidente de atenção às potencialidades de cada um; os estudantes com deficiência quase sempre são atribuídos aos cuidados educativos e didáticos do professor de apoio, e os alunos com TEAp são admitidos com dificuldade e com metodologias compensativas e dispensáveis padrões e, às vezes, ingênuos, como no caso de uma experiência didática recente relatada por um aluno do Ensino Fundamental II que, ao voltar para casa muito irritado, disse à mãe: "Por favor, pode falar para a professora de Italiano que eu sou disléxico, não cego? Não preciso que ela sempre me mostre cópias em letras grandes do texto que explica na aula!"

A escola precisa de uma inovação séria, e a proposta da diferenciação didática sugerida como modelo do nosso comportamento em sala representa um caminho que vale a pena percorrer.

Os professores mais capazes e corajosos procuram de forma espontânea modificar o próprio modo operante propondo atividades em sala que demandam a participação e a colaboração, entendem que a oferta formativa precisa se implantar num paradigma didático que não pode mais ser o do tempo: controle rígido do comportamento dos alunos, presença silenciosa em sala, demanda de atenção constante, obediência absoluta, respostas positivas nos resultados das propostas formativas, motivações presentes para cada atividade, prontidão para satisfazer os desejos do professor, esforço constante na obtenção de resultados avaliativos ótimos fixados pelo docente, estudo eficaz e aprendizado em casa, notas periódicas e finais como fatores estimulantes para o empenho difuso. Tudo isso não funciona mais e talvez nunca tenha realmente funcionado.

Mas que modelo eficaz é possível adotar numa turma com alunos cada vez mais difíceis e problemáticos? Por que é necessário abalar o modo tradicional de fazer escola? Por qual motivo precisamos deixar de lado a "segurança" didática e educativa em sala para avançar numa aventura metodológica e relacional insegura e incerta? Nos fins de ano, então, existem as provas Invalsi[24] e quem pode assegurar que os alunos, trabalhando de outro modo, possam alcançar resultados elevados? Os exames nos fins do ano podem ser superados ao se experimentar modalidades de trabalho diferentes da tradicional? Muitas dúvidas. Muitas incertezas. Muitos medos. Sem dúvida, concordo com quem afirma que as razões que levam à não diferenciação do ensino, à não inovação do "modelo tradicional da lição igual para todos", à escolha da permanência ancorada na segurança de estratégias de condução da experiência de ensino-aprendizagem obviamente ineficazes, mas bem conhecidas nas suas dinâmicas e nos seus ritos, têm a ver de forma exclusiva com o bem-estar pessoal do professor (Roberts & Inman, 2015, p. 5). Por outro lado, as razões que levam à inovação didática diferenciada, a um agir em sala respeitoso dos alunos, de suas peculiaridades, seus limites e suas potencialidades individuais e específicas são relativas aos alunos e têm como consequência a elaboração de ações educativas e di-

---

24. Avaliação nacional italiana para analisar o sistema educacional do país [N.T.].

dáticas capazes de corresponder às diversas necessidades, com atividades destinadas a oferecer a cada um, o máximo possível, o próprio percurso de aprendizagem destinado ao sucesso e ao crescimento. Todas as razões que levam à expressão de um juízo negativo diante da prospectiva da inovação didática diferenciada tem como centro as necessidades do professor; quem exprime apreciação e oferece sustento à ideia da diferenciação didática fornece considerações que colocam sempre no cerne as necessidades de cada aluno em sala.

A diferenciação didática é um modelo didático inovativo que merece ser conhecido, valorizado e vivenciado em sala de aula. Os estudantes não são todos iguais, não têm as mesmas potencialidades e características, suas exigências pessoais são tão diferentes que deixam os docentes atônitos. Esse modelo, quando bem conduzido, pode ajudar todos os alunos a encontrarem na escola percursos didáticos interessantes porque diminuem suas exigências pessoais; esses percursos preveem atividades pensadas de propósito para eles e alcançáveis com sucesso: tudo isso aumenta nos alunos a motivação baseada no conhecimento de que os próprios saberes, as habilidades, as competências adquiridas são abrangidas e valorizadas pelo professor. Na diferenciação didática, o aluno se dá conta de que sua pessoa está no centro das atenções da escola, as propostas formativas são do seu alcance e com frequência são canalizadas nos seus interesses pessoais; o professor conhece suas paixões, seus *hobbies*, seus interesses e procura inseri-los dentro da oferta didática. Além do mais, sua participação é pedida, e o parecer pessoal é levado em grande consideração, quase sempre o aluno tem a possibilidade de escolher suas atividades entre as várias opções e é natural que ele possa se envolver de forma espontânea nas propostas. O trabalho em grupo está, então, na base da experiência de ensino-aprendizagem, e não é raro os colegas se tornarem as pessoas mais importantes para conseguir a obtenção de grandes resultados escolares. A diferenciação didática é uma estrada a se percorrer no plano inovativo, talvez seja a única estrada a se percorrer, porque, antes de tomá-la, precisamos que o professor "renove" a si mesmo, mude a si mesmo.

> Muitas vezes os amigos me perguntam como realizo o fazer escola e como a torno plena. Troquemos a pergunta, não deveriam se preocupar em *como se realiza o fazer escola*, e sim *o que ser* para fazer a escola.
>
> É preciso ter as ideias claras quando se trata dos problemas sociais e políticos. Não é necessário ser um interclassista, e sim destacado. Precisa arder na ânsia de elevar o pobre a um nível superior. Não digo a um nível igual ao da classe dirigente atual. Superior: mais do que o homem, mais espiritual, mais cristão, mais tudo (don Milani, 1957, p. 239).

Referências

Ames, R., & Ames, C. (1984). *Motivation in education: Student innovation.* Academic.

Appelbaum, M. (2011). *Differentiated instruction: Strategies for success for ALL learners.* Appelbaum Training Institute.

Atkinson, J.W. (1973). *La motivazione.* Il Mulino (Trabalho original publicado em 1964)

Bandura, A. (1997). *Il senso di autoefficacia.* Erickson (Trabalho original publicado em 1995)

Baxendell, B.W. (2003). Gli organizzatori anticipati: Rappresentazioni visive delle idee chiave. *Difficoltà di Apprendimento, 8*(4), 475-488.

Bender, W.N. (2012). *Differentiating instruction for students with learning disabilities.* Corwin.

Bonaiuti, G. (2016). *Le strategie didattiche.* Carocci.

Buzzi, C., Cavalli, A., & de Lillo, A. (2007). *Rapporto Giovani – Sesta indagine dell'Istituto Iard sulla condizione giovanile in Italia.* Il Mulino.

Caine, R.N., & Caine, G. (2006). The way we learn. *Educational Leadership, 64*(1), 50-54.

Castoldi, M. (2012). *Valutare a scuola: Dagli apprendimenti alla valutazione di sistema.* Carocci.

Comoglio, M., & Cardoso, M.A. (1996). *Insegnare e apprendere in gruppo – Il cooperative learning.* LAS.

Convery, A., & Coyle, D. (1993). *Differentiation: Taking the initiative.* Cilt.

d'Alonzo, L. (1999). *Demotivazione alla scuola: Strategie di superamento.* La Scuola.

d'Alonzo, L. (2004). *La ricerca sulla gestione della classe.* La Scuola.

d'Alonzo, L. (2008). *Gestire le integrazioni a scuola.* La Scuola.

d'Alonzo, L. (2012). *Come fare per gestire la classe nella pratica didattica*. Giunti Scuola.

d'Alonzo, L. (2016). *Marginalità e apprendimento*. La Scuola.

d'Alonzo, L., Bocci, F., & Pinnelli, S. (2015). *Didattica speciale per l'inclusione*. La Scuola.

d'Alonzo, L., & Maggiolini, S. (2013). La gestione dela classe complessa e i disturbi specifici dell'apprendimento. In L. d'Alonzo, DSA – *Elementi di didattica per i bisogni educativi speciali* (p. 80-94). Etas.

d'Alonzo, L., Maggiolini, S., & Zanfroni, E. (2013). Gli alunni a scuola sono sempre più difficili? Esiti di una ricerca sulla complessità di gestione della classe nella percezione degli insegnanti. *Italian Journal of Special Education for Inclusion, 2*, 77-89.

d'Alonzo, L., Mariani, V., Zampieri, G., & Maggiolini, S. (Eds.). (2012). *La consulenza pedagogica – Pedagogisti in azione*. Armando.

Deci, E.L. (1975). *Intrinsic motivation*. Plenum.

Deci, E.L., & Rian, R.M. (1985). *Intrinsic motivation and self-determination in human behavior*. Plenum.

de La Garanderie, A. (1991). *I profili pedagogici: Scoprire le attitudini scolastiche*. La Nuova Italia (Trabalho original publicado em 1980).

Delors J. (1996). *Learning: The treasure within* (Report to Unesco of International Commision of Education for the Twenty-First Century). Unesco.

Demo, H. (2016). *Didattica aperta e inclusione – Principi, metodologie e strumenti per insegnanti della scuola primaria e secondaria*. Erickson.

Dodge, N. (2007). *The brain that changes itself – Stories of personal triumph from the frontiers of brain science*. Penguin Books.

don Milani, L. (1957). *Esperienze pastorali*. LEF.

Fischer, L. (2003). *Sociologia della scuola*. Il Mulino.

Freiberg, H.J. (1999). *School climate: Measuring, improving and sustaining healthy learning environment*. Falmer.

Fundação Giovanni Agnelli. (2009). *Insegnanti italiani: Evoluzione demografica e previsioni di pensionamento* [Rapporto di ricerca]. http://www.fga.it/uploads/media/Fondazione_Agnelli_-_Anticipazione_ricerca_insegnanti._Demografia_e_pen-sionamenti.Finale.pdf

Gagliardini, I. (2008). *Paure e ansie a scuola: Come affrontarle e superarle*. Giunti.

Gardner, H. (1987). *Formae mentis: Saggio sulla pluralità dell'intelligenza*. Feltrinelli (Trabalho original publicado em 1983).

Gentry, M., Steenbergen-Hu, S., & Choi, B. (2011). Student identified exemplary teachers: Insight from talent teachers. *Gifted Child Quarterly, 55*(2), 111-125.

Gianferrari, L. (2010). *I docenti neoassunti nella scuola che deve affrontare i mutamenti epocali* (Programma Education FGA Working Paper n. 23). Fundação Giovanni Agnelli. https://www.fondazioneagnelli.it/wp-content/uploads/2017/08/L._Gianferrari__I_docenti_neo-assunti_-_FGA_WP23_01.pdf

Glasser, W. (1990). *The quality school: Managing students without coercion*. Harper and Row.

Hattie, J. (2009). *Visible learning: A synthesis of over 800 meta-analyses relating to achievement*. Routledge.

Hattie, J. (2012). *Visible learning for teacher: Maximizing impact on learning*. Routledge.

Heacox, D. (2001). *Differentiating instruction in the regular classroom: How to reach and teach all learners, Grades 3-12*. Free Spirit.

Instituto Giuseppe Toniolo (2016). *La condizione giovanile in Italia – Rapporto Giovani 2016*. Il Mulino.

Johnson, D.W., Johnson R.T., & Holubec, E.J. (1996). *Apprendimento cooperativo in classe – Migliorare il clima e il rendimento*. Erickson (Trabalho original publicado em 1994).

Jones, V.F., & Jones, L.S. (2001). *Comprehensive classroom managment*. Allyn and Bacon.

King, K., & Gurian, M. (2006). Teaching to the minds of boys. *Educational Leadership, 64*(1), 56-61.

Kounin, J. (1970). *Discipline and group management in classroom*. Holt, Rinehart and Wiston.

Lee, S., Wehmeyer, M.L., Soukup, J.H., & Palmer, S.B. (2010). Impact of curriculum modifications on access to the general education curriculum for student with disabilities. *Exceptional Children, 76*(2), 213-233.

Mameli, C., & Molinari, L. (2016). Teaching interactive practices and burnout: A study on Italian teachers. *European Journal of Psychology of Education*. https://doi.org/10.1007/s10212-016-0291-z

Marzano, R.J. (2003). *What works in school: Translating research into action*. ASCD.

Marzano, R.J., & Marzano, J.S. (2003). The key to classroom management. *Building Classroom Relationships, 61*(1), 6-13.

Marzano, R.J., Pickering, D.J., & Pollock, J.E. (2001). *Classroom instruction that works: Research-based strategies for increasing student achievement*. ASCD.

Maslow, A.H. (1992). *Motivazione e personalità*. Armando (Trabalho original publicado em 1954).

Merton, T. (1995). *No man is an island*. Harcourt Brace.

Merzenich, M.M. (2001). Cortical plasticity contributing to childhood development. In J.L. McClelland & R.S. Singler (Eds.), *Mechanism of cognitive development: Behavioral and neural perspectives* (p. 67-95). Lawrence Erlbaum.

Ministério da Educação, da Universidade e da Pesquisa (2012a). *Alunni con Disturbi specifici di apprendimento, a.s. 2010/2011 e 2011/2012*, http://hubmiur.pubblica.istruzione.it/alfresco/d/d/workspace/ SpacesStore/7695 7d8d-4e63-4a21-bfef-0b41d6863c9a/linee_guida_sui_dsa_12luglio2011.pdf.

Ministério da Educação, da Universidade e da Pesquisa (2012b). *Indicazioni nazionali per il curricolo dela scuola dell'infanzia e il primo ciclo di instruzione*.

Ministério da Educação, da Universidade e da Pesquisa (2015a). *Gli alunni stranieri nel sistema scolastico italiano, a.s. 2014/2015*, http://www.istruzione. it/allegati/2015/Notiziario_Alunni_Stranieri_1415.pdf.

Ministério da Educação, da Universidade e da Pesquisa (2015b). *L'integrazione scolastica degli alunni con disabilità, a.s. 2014/2015*, http://www. istruzione.it/allegati/2015/L'integrazione_scolastica_degli_alun- ni_con_ disabilit%C3%A0_as_2014_2015.pdf.

National Research Council, Committee on Developments in the Science of Learning, Committee on Learning Research and Educational Practice, Commission on Behavioral and Social Sciences and Education (2000).

How people learn: Brain, mind, experience, and school (Expanded edition). National Academy Press.

Nunley, K.F. (1997). *The regular educator's guide to special ed.* (Parent's edition). Morris.

Nunley, K.F. (1998). *The regular educator's guide to layered curriculum.* Morris.

Nunley, K.F. (1999). *The regular educator's guide to the brain.* Morris.

Nunley, K.F. (2001). *Layered curriculum: The practical solution for teachers with more than one student in their classroom.* Morris.

Nunley, K.F. (2002a). Active research leads to active classrooms. *Principal Leadership, 2*(7), 53-61.

Nunley, K.F. (2002b). *Layered Curriculum: The workbook.* Morris.

Olson, K. (2009). *Wounded by school: Recapturing the joy in learning and standing up to old school culture.* Teacher College Press.

Organização para a Cooperação e Desenvolvimento Econômico. (2015). *Do teacher-student relations affect students' well-being at school?* (Pisa in Focus, vol. 50, n. 4). OECD Publishing. https://www.oecd-ilibrary.org/docserver/5js391zxjjf1-en.pdf?expires=1728066575&id=id&accname=guest&checksum=7A11E6BDFAEF461DE896BCAE0911C3B3

Roberts, J.L., & Inman, T.F. (2015). *Strategies for diifferentiating instruction – Best practices for the classrooom.* Prufrock.

Ronzoni, A., Guidi, M., & Grasso, M. (2010). Benessere/malessere a scuola: Un'indagine sulla qualità dell'esperienza scolastica. *Psicologia Scolastica, 6*(1), 15-50.

Rotter, J.B. (1954). *Social learning and clinical psycology.* Prentice Hall.

Rotter, J.B. (1966). Generalized expectancies for internal versus external control of reinforcement. *Psycological Monographs, 80*, 1-28.

Rotter, J.B. (1975). Some problems and misconceptions related to the construct of internal versus external control of reinforcement. *Journal of Consulting and Clinical Psycology, 43*, 56-67.

Rousseau, J.-J. (1762). *Émile ou De l'éducation.* L'Aia, Jean Néaulme, trad. it. Emilio. La Scuola, 1976.

Sanders, W.L., Wright, S.P., & Horn, S.P. (1997). Teacher and classroom context effects on student achievement: Implications for teacher evaluation. *Journal of Personnel Evaluation in Education, 11*, 57-67.

Silver, H.F., Strong, R.W., & Perini, M.J. (2000). *So each may learn: Integrating learning styles and multiple intelligences.* ASCD.

Sternberg, R.J., & Spear-Swerling, L. (1997). *Le tre intelligenze. Comepotenziare le capacità analitiche, creative e pratiche.* Erickson (Trabalho original publicado em 1996).

Tate, M.L. (2005). *Reading and language arts worksheets don't grow dendrites.* Corwin.

Tomlinson, C.A. (1999). *The differentiated classroom: Responding to the needs of all learners.* ASCD.

Tomlinson, C.A. (2006). *Adempiere la promessa di una classe differenziata: Strategie e strumenti per un unsegnamento attento alle diversità.* LAS (Trabalho original publicado em 2003).

Tomlinson, C.A. (2010). Differentiating instruction in response to academically diverse student population. In R. Marzano (Ed.), *On excellence in teaching* (p. 247-270). Solution Tree.

Tomlinson, C.A., Brimijoin, K., & Narvaez, L. (2008). *The differentiated school: Making revolutionary changes in teaching and learning.* ASCD.

Tomlinson, C.A., & Imbeau, M.B. (2012). *Condurre e gestire una classe eterogenea.* LAS (Trabalho original publicado em 2006).

Vigotski, L.S. (1954). *Pensiero e linguaggio.* Giunti-Barbera (Trabalho original publicado em 1934).

Wiggings, G., & McTighe, J. (2004). *Fare progettazione: La teoria di un percorso didattico per la comprensione significativa.* LAS. (Trabalho original publicado em 1998).

Willis, S., & Mann, L. (2000). *Differentiating instruction: Finding manageable ways to meet individual needs.* Curriculum Update, ASCD. http://www.ascd.org/publications/curriculum-update/winter2000/Differentiating-Instruction.aspx